高雄研究叢刊
第2種

延續與變遷：遷村後紅毛港的寺廟與信仰

作者　謝貴文

高雄研究叢刊序

　　高雄地區的歷史發展，從文字史料來說，可以追溯到 16 世紀中葉。如果再將不是以文字史料來重建的原住民歷史也納入視野，那麼高雄的歷史就更加淵遠流長了。即使就都市化的發展來說，高雄之發展也在臺灣近代化啟動的 20 世紀初年，就已經開始。也就是說，高雄的歷史進程，既有長遠的歲月，也見證了臺灣近代經濟發展的主流脈絡；既有臺灣歷史整體的結構性意義，也有地區的獨特性意義。

　　高雄市政府對於高雄地區的歷史記憶建構，已經陸續推出了『高雄史料集成』、『高雄文史采風』兩個系列叢書。前者是在進行歷史建構工程的基礎建設，由政府出面整理、編輯、出版基本史料，提供國民重建歷史事實，甚至進行歷史詮釋的材料。後者則是在於徵集、記錄草根的歷史經驗與記憶，培育、集結地方文史人才，進行地方歷史、民俗、人文的書寫。

　　如今，『高雄研究叢刊』則將系列性地出版學術界關於高雄地區的人文歷史與社會科學研究成果。既如上述，高雄是南臺灣的重鎮，她既有長遠的歷史，也是臺灣近代化的重要據點，因此提供了不少學術性的研究議題，學術界也已經累積有相當的研究成果。但是這些學術界的研究成果，卻經常只在極小的範圍內流通而不能為廣大的國民全體，尤其是高雄市民所共享。

　　『高雄研究叢刊』就是在挑選學術界的優秀高雄研究成果，將之出版公諸於世，讓高雄經驗不只是學院內部的研究議題，也可以是大家共享的知識養分。

　　歷史，將使高雄不只是一個空間單位，也成為擁有獨自之個性與意義的主體。這種主體性的建立，首先需要進行一番基礎建設，也需要投入一些人為的努力。這些努力，需要公部門的投資挹注，也需要在地民間力量的參與，當然也期待海內外的知識菁英之加持。

　　『高雄研究叢刊』，就是海內外知識菁英的園地。期待這個園地，在很快的將來就可以百花齊放、美麗繽紛。

國史館館長

吳密察

目　次

圖 次

一、緒論

　　紅毛港，一個位於高雄港西南邊的漁村聚落，行政區劃屬於高雄市南端的小港區，南接大林蒲及鳳鼻頭，北臨高雄港第二港口，西為臺灣海峽，東為第二港口的內海，為三面環海的狹長地形環境。自古以來，紅毛港即為漁業的重鎮，清領時期以養殖魚塭聞名；日治時期則以捕烏魚、扁魚等著名；戰後時期，紅毛港漁獲更曾居全臺漁港年生產量的 12 名。但自民國 56 年（1967）興建高雄港第二港口後，生態環境大為改變，加之周邊工業區所造成的海洋環境污染，漁業逐漸走下坡。尤其自民國 57 年（1968）紅毛港被劃入臨海工業區範圍，實施限建；民國 65 年（1976）再被劃入港埠用地，開始實施禁建，並開始規劃遷村；從此紅毛港成為「被時間之神遺忘的漁村」，[1] 逐漸地凋零沒落，直至民國 96 年（2007）遷村後完全消失。

圖 1-1　遷村前紅毛港空照圖（資料來源：張宇彤、林世超、李億勳，《紅毛港歷史眾落基礎調查暨測繪計畫》）　　圖 1-2　紅毛港舊聚落於 2007 年拆除（楊玉姿教授提供）

1　許峻崑，〈被時間之神遺忘的漁村〉，《臺灣新聞報》17 版，1990 年 9 月 25 日。

　　紅毛港由於地處海濱，居民大多捕魚為業，海上生活的危險性與不確定性，常需藉助神靈力量來撫慰內心，因此當地的民間信仰甚為發達，擁有朝天宮、朝鳳寺、天龍宮、濟天宮、飛鳳宮、飛鳳寺等六大角頭廟，及保安堂、大城隍爺公壇、福德祠、修善堂、西南城、海眾廟、正直千歲廟、管府廟等十多間小廟，皆頗具特色。遷村之後，紅毛港近 400 年的文化幾乎消失殆盡，僅有這些寺廟隨著部分居民遷至鳳山、前鎮、小港三區交界的中安路與紅毛港路一帶，仍維繫著原有居民的認同情感與歷史記憶，也為紅毛港文化留下一縷命脈。

　　筆者曾於民國 98 年（2009）受高雄市文獻會委託撰寫《紅毛港遷村實錄・文化篇》，在第四章「紅毛港的民間信仰」曾從血緣聚落與祭祀圈、奉祀神明、感應傳說等三個面向，探討遷村前紅毛港的民間信仰特色，當時雖然並未對剛搬遷的紅毛港寺廟有太多的討論，但已對其即將面對的變遷有所注意，故在結語寫道：

> 2007 年紅毛港遷村，對其民間信仰的寺廟而言，是危機，也是轉機。危機是原有的血緣聚落瓦解，祭祀圈消失，信徒與經濟的來源皆不再如過去穩定，加上興建新廟所需龐大的經費，再再都考驗各寺廟的主事者。但在危機之中仍可看到轉機，寺廟遷到新社區後，所面對的是都市化的生活空間與無血緣關係的社區居民，如何自我轉型與調整，發揮新的整合功能，增加認知的功能，為民間信仰帶來新的發展方向，值得吾人持續關注。[2]

　　歷經 6 年多的時間，這些紅毛港的寺廟幾乎皆已興建完成，從傳統的血緣聚落搬遷至現代的都會社區，其信仰有延續的一面，也有變遷的一面。就延續面而言，雖然遷村後的紅毛港人已散居各地，但對於原鄉的寺廟仍充滿感情，不僅常會回來燒香拜拜、參加祭典活動，也負擔寺廟的重建經費，並擔任祭祀與管理組織的重要成員，保有對寺廟的權利與義務。

2　謝貴文，《紅毛港遷村實錄・文化篇》（高雄：高雄市文獻委員會，2009 年），頁127。

就變遷面而言，這些寺廟為籌募重建經費與因應新的社會環境，已不再侷限於原有血緣關係與祭祀範圍，而是積極拓展各地的信徒，透過壯觀華麗的寺廟建築、大型的廟會祭典與進香謁祖活動、網路媒體的宣傳行銷、交陪網絡的擴張等方式，提升寺廟的知名度與吸引力，朝人群廟的方向邁進。

因此，從紅毛港的寺廟與信仰中，不僅可發現人與神明的緊密關係，即使已不再住在其祭祀範圍內，仍保有一定的權利與義務，這也讓遷村後四分五裂的紅毛港，仍有一條共同信仰的臍帶，維繫住文化的生機；同時也看見在傳統廟宇脫離原有土地後，如何調整經營的方式，與新的社區建立關係，並擴展信徒來源與交陪網絡，故無論就紅毛港文化或民間信仰層面來看，此一案例皆深具研究的價值。

有關紅毛港寺廟與信仰的調查研究，最早的是民國 83 年（1994）高雄市文獻委員會委託葉振輝所進行的「紅毛港史蹟調查研究計畫」，[3] 調查範圍涵蓋紅毛港的地名沿革、遷村規劃、交通、漁業、生態變化及舊海堤、機關學校、老建築等史蹟，對於當地的民間信仰廟宇也有所記錄，不過僅侷限於地理位置、歷史沿革、文物與楹聯等簡單的基礎資料。

吳連賞於民國 87 年（1998）發表的〈紅毛港的聚落發展與社會變遷〉，[4] 則透過全面而深入的實地調查，探討紅毛港的聚落形成與發展、民宅老厝之堂號與型式；人口、教育、祭祀圈等社會變遷；禁建、限建規定與遷村政策所造成的空間衝突與社會角力。其中注意到血緣聚落與角頭廟的關係，並以收丁錢與五營來劃分各廟祭祀圈的範圍，也指出血緣基礎、聚落發展與廟宇形成背景等，將紅毛港人凝聚成堅強的生命共同體，這些研究都具有開創性與啟發性。其後，洪立三〈高雄紅毛港聚落信仰空間的初

3　葉振輝，《紅毛港史蹟調查研究專輯》（高雄：高雄市文獻委員會，1995 年）。

4　吳連賞，〈紅毛港的聚落發展與社會變遷〉，《環境與世界》2 期（1998 年），頁 85-136。

探〉、[5] 林妙娟〈高雄紅毛港：一個漁業聚落的社會變遷（1624-2005）〉[6] 等論文，即皆在吳文的基礎上，持續探討紅毛港的祭祀圈、姓氏宗族與居民凝聚力等議題。

民國 97 年（2008）高雄市文獻會委託張守真、楊玉姿撰寫出版《紅毛港的前世今生》[7] 一書，深入研究紅毛港從荷據時期至國民政府時期的歷史變遷，並詳列遷村計畫各階段的執行情形，是研究當地歷史發展最為完備的一本著作。該書對紅毛港各寺廟的歷史沿革、主祀及配祀神明、信仰特色、顯靈傳說等有更詳盡的敘述。筆者在《紅毛港遷村實錄・文化篇》一書，則從血緣聚落與祭祀圈、奉祀神明、感應傳說等三個面向，探討當地民間信仰的特色，指出其具有強烈的血緣性格與海洋性格，也展現出一般宗教所具有的生存功能與整合功能，但缺乏認知功能，這也是臺灣民間信仰的通病所在。此外，高雄市政府文化局委託出版的《紅毛港文化故事》、[8]《戀戀紅毛港——寺廟建築與信仰》[9] 等書，雖然並非學術著作，但對當地的寺廟建築、神明傳說與信仰特色也都有所介紹，亦具有參考的價值。

不過，上述的研究與出版品皆聚焦在遷村前紅毛港的民間信仰，遷村後的相關研究則甚為少見，目前僅有黃方泉的碩士論文〈紅毛港朝天宮祭祀活動變遷之研究〉。[10] 該文以紅毛港六大公廟之一的朝天宮為研究對象，除討論到其遷村前的祭祀情形外，主要在分析遷村後祭祀成員的來源與分布狀況，也述及管理委員會的組成與祭祀活動的變遷，並指出寺廟在遷村

5　洪立三，〈高雄紅毛港聚落信仰空間的初探〉，《地理教育》31 期（2005 年），頁89-104。

6　林妙娟，〈高雄紅毛港：一個漁業聚落的社會變遷（1624-2005）〉（臺北：臺灣師範大學歷史系碩士論文，2007 年）。

7　張守真、楊玉姿，《紅毛港的前世今生》（高雄：高雄市文獻委員會，2008 年）。

8　李億勳，《紅毛港文化故事》（高雄：高雄市政府文化局，2007 年）。

9　朱秀芳，《戀戀紅毛港——寺廟建築與信仰》（高雄：高雄市政府文化局，2008 年）。

10　黃方泉，〈紅毛港朝天宮祭祀活動變遷之探究〉（高雄：高雄師範大學臺灣文化及語言研究所碩士論文，2009 年）。

過程中，扮演維繫民眾情感、凝聚地方感的重要角色，也有助於新地方感的形成。

圖 1-3　紅毛港的有關出版品

綜上所述，遷村前紅毛港寺廟與信仰的研究，已累積不少的成果，可做為與遷村後比較的基礎。至於遷村後的研究則仍待開展，絕大多數的寺廟連基礎資料都尚未建立，且隨著各廟陸續興建完成，其信徒來源、管理組織、經營方式及與社區的互動，皆已有明顯的轉變，實有必要盡速展開全面的調查工作，並運用民間信仰的有關理論，進行深入的分析與論述。

本書透過上述文獻的分析，及民國 103 年（2014）3、4 月間實地的調查訪談，[11] 分十三章探討遷村後紅毛港的寺廟與信仰，除第一章緒論外，第二章則概述遷村前紅毛港整體的信仰特色，分析其所具有的血緣性格與海洋性格。第三至十一章則分別敘述飛鳳寺、飛鳳宮、濟天宮、朝鳳寺、朝天宮、天龍宮等六大角頭廟，及修善堂、保安堂、海眾廟、大城隍公廟等廟之歷史背景與遷村後的現況，包括宮廟全名、搬遷與重建的年代、地址、周邊環境等基本資料，及奉祀神明、建廟經費來源、建築與文物、神蹟傳說、寺廟組織、祭典活動、宗教服務、交陪宮廟、社會服務等，並分

11　為配合本書出版，筆者於民國 105 年（2016）5 月再至各廟確認最新現況。

析與遷村前的異同之處及造成變遷的原因所在。第十二章則歸納遷村前後紅毛港寺廟信仰的轉變，援引祭祀圈、宗教治理、公共性等國內外學者有關理論，論述它在民間信仰與地方社會研究上的意義。第十三章結論，則綜合前面的討論，指出遷村後紅毛港寺廟及信仰的延續與變遷，並對未來如何透過寺廟信仰來保存與發揚紅毛港文化，提出一些建議供公部門參考。

二、遷村前紅毛港的信仰特色

遷村前紅毛港整體的寺廟與信仰狀況，主要具有兩大特色，一是紅毛港內大多為同姓聚落，各大姓不僅建有宗祠，也會在其聚落興建角頭廟，各廟不論在香火緣起、管理組織與祭祀圈上，都具有明顯的血緣性格。二是紅毛港三面環海，居民多以捕魚為業，各廟所奉祀的神明類型、香火來歷及感應傳說，也都具有鮮明的海洋性格。以下即就這兩大特色分別討論之。

（一）血緣性格

聚落而居是傳統社會理想的生活型態，臺灣先民又是來自宗族發達的閩南地區，來臺祖之間多少具有血緣關係，經過幾代的繁衍，自然即形成血緣聚落。血緣聚落在臺灣甚為普遍，最明顯的特徵表現在姓氏，即聚落內的某一姓氏佔絕對多數，且同姓者多是有系譜關係可尋的同族之人。[1]

紅毛港地區的血緣聚落也甚為明顯，從日治時期的地籍圖來看，當地的小地名，除第一堡為「埔頭仔」外，第二堡為「姓楊仔」，第三堡為「姓李仔」，第四堡為「姓洪仔」，第五堡為「姓蘇仔」，中間並夾雜「姓吳仔」、「下洪仔」、「頂洪仔」、「姓

圖 2-1　遷村前紅毛港血緣姓氏聚落分布圖
（資料來源：吳連賞，〈紅毛港的聚落發展與社會變遷〉，頁 92）

1　林美容，〈草屯鎮之聚落發展與宗族發展〉，《祭祀圈與地方社會》（臺北：博揚文化事業有限公司，2008 年），頁 92。

張仔」等四個小地名，顯示聚落內同姓的情形頗為普遍。日治末期第一堡以楊姓、洪姓、吳姓居多；第二堡亦以楊姓、洪姓、吳姓較多；第三堡以李姓，第四堡以洪姓、李姓為主；第五堡以洪姓、蘇姓為主。終戰之後，第一至五堡分別命名為海澄、海昌、海豐、海原、海城等五里，各里姓氏漸趨雜異，尤以海澄里最為複雜，包括楊、洪、吳、陳、林、李等姓氏，其他四里也已非單一姓氏聚落，但仍依序分別以楊、李、洪、蘇為大姓。[2]

紅毛港血緣聚落的特色，尚表現在傳統民宅的堂號上。根據吳連賞在民國 87 年（1998）3 月至 6 月的實地調查，當地傳統民宅有 180 間，正廳上刻有堂號者高達 113 間，其中洪姓的「燉煌」最多，達 42 間，佔 37%；

其次是吳姓的「延陵」14 間，佔 12%；第三位是李姓的「隴西」12 間，佔 11%；第四位是蘇姓的「武功」12 間，佔 11%；第五位是陳姓的「穎川」7 間，佔 6%；第六位是楊姓的「弘農」8 間，佔 7%。此外尚有「汝南」、「梅魁」各 2 間，「牧九」、「西河」、「河南」、「禧洪」、「漢佐」、「光霞」、「太原」、「竹梅」、「勃海」、「清河」各 1 間，總計共有 18 種堂號，[3] 顯示出紅毛港先民對於姓氏源流甚為重視，也以此建立血緣宗族的連結網絡。

紅毛港的民間信仰寺廟也與血緣聚落有密切的關係，幾個大姓都有屬於自己的信仰中心，如「姓蘇仔」的朝天宮、「姓洪仔」的朝鳳

圖 2-2　遷村前紅毛港傳統民宅的李姓堂號「隴西」（楊玉姿教授提供）

2　吳連賞，〈紅毛港的聚落發展與社會變遷〉，頁 87-92。

3　吳連賞，〈紅毛港的聚落發展與社會變遷〉，頁 98。

寺、「姓李仔」的濟天宮、「姓楊仔」的飛鳳宮、「姓吳仔」的天龍宮，再加
上埔頭仔的飛鳳寺，即構成當地的六大角頭廟。「角頭」是指庄、街、市
之內部的次級聚落單位，常與同族聚居的現象有關，因此有些角頭廟其
實是字姓廟，或是起初都是某一族姓的人所奉祀，相對於角頭、庄社之為
「公」，族姓之所祀常被稱為「私」，即所謂的「私佛仔」、「祖佛仔」。[4] 紅毛
港的角頭廟亦有從族姓私佛演變而來的情形，如朝鳳寺相傳是有一洪姓村
民在海上撈到一尊觀音佛像，乃迎回家供奉，後來村民們也來祭拜，都感
覺到靈驗，於是正式建廟；朝天宮相傳也是蘇姓人家先以草寮為壇供奉媽
祖，後來信徒漸多，才由村民捐錢建廟。由此一香火緣起的現象，也可看
出紅毛港角頭廟所具有血緣性格。

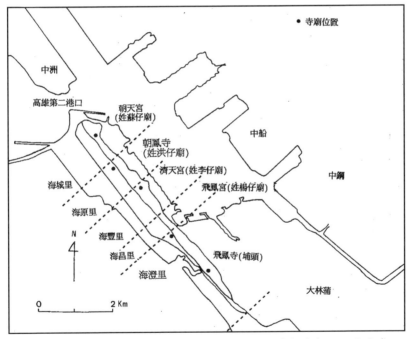

圖 2-3　遷村前紅毛港的聚落里界與寺廟分布圖（資料來源：吳連賞，
〈紅毛港的聚落發展與社會變遷〉，頁 91）

4　林美容，〈高雄縣王爺廟分析——兼論王爺信仰的姓氏說〉，《祭祀圈與地方社
　　會》，頁 299。

在這六大角頭廟中，血緣性格最強當屬濟天宮。早年尚收丁口錢的時代，濟天宮完全以李姓宗族為範圍，爐主也一直以其四大房子孫擔任，完全將外姓排除在外。[5] 再者，李氏祖廟也與濟天宮緊鄰而居，其原為李氏開基祖李遠的墓地，後就地建為紀念墓亭，內部供奉七代祖先牌位、開基祖墓骨及生登簿，並設有一塊立於民國 66 年（1977）記錄開基歷史的石刻，文曰：

清朝時代康熙丙子年間，出生於大陸福建泉州府南安縣溪東里一四五都人氏。雍正年間渡來臺灣娶妻吳氏佳娘，生下四男嗣後分立四房，迄今有三佰餘年之歷史。李家人口傳至現在已達貳仟餘人之多，人人稱道，子孫昌盛，代代興旺。乾隆壬申年祖先與世長辭，茲立具石碑為後代億萬年之紀念。[6]

此外，紅毛港李家子弟李億勳曾在民國 72 年（1983）修纂《李氏家譜》，即由濟天宮出資印製，書中也提到當時該廟主委李新發曾有一項計畫，即尋覓一處山坡地或空地，做為李家祖塋用地，除將祖墓遷往此處外，爾後李家子孫若有喪者，皆可免費葬於此，6 年後再撿骨火化裝入骨灰罈，停祀於祠內，每年高曾祖忌日舉行祭典。[7] 由此可知，濟天宮的管理組織不僅侷限於李姓宗族，且緊鄰李氏祖廟、印製家譜，並計劃成立李氏墓園，都顯示其鮮明的血緣性格。

除了李姓外，洪姓與楊姓也都設有正式的宗祠，顯示對宗族關係的重視。洪姓宗祠原設於海汕四路 162 號，[8] 即在「姓洪的」聚落內，開基祖廟則在小港區太平國小附近，早年族人娶親，依例須請出祖先牌位，[9] 這些都表現出強烈的宗族意識。楊姓宗祠則於民國 83 年（1994）2 月落成，全球

5　吳連賞，〈紅毛港的聚落發展與社會變遷〉，頁 117。

6　葉振輝，《紅毛港史蹟調查研究專輯》，頁 66。

7　李億勳修纂，《高雄紅毛港李氏家譜》（高雄：紅毛港齊天宮，1983 年），頁 81-82。

8　吳連賞，〈紅毛港的聚落發展與社會變遷〉，頁 96。

9　葉振輝，《紅毛港史蹟調查研究專輯》，頁 70。

董楊宗親總會與全臺各縣市的楊姓宗親會都曾贈匾祝賀。洪、楊兩姓宗祠與其角頭廟雖有各自獨立的管理運作，不像上述李姓宗祠與濟天宮緊密連結，但由於寺廟與宗祠的組織成員有許多重疊，因此彼此的互動仍相當密切，這也反映血緣聚落的特色。

　　一般來說，寺廟屬於地緣組織，宗祠屬於血緣組織，前者在整合不同姓氏的居民，後者則在凝聚同姓宗親，兩者具有不同的功能屬性；但由於血緣聚落的特性，紅毛港各角頭廟不僅能整合異姓居民，更是各大姓氏的重要象徵，也因此會有「姓蘇仔廟」、「姓洪仔廟」、「姓楊仔廟」之稱。由寺廟的發展歷史來看，紅毛港有幾個角頭廟並非一開始即屬於某一大姓，而是由幾個異姓共同祭祀，如早期的飛鳳宮由「姓楊仔」、「姓吳仔」、「姓李仔」三姓同祀；朝鳳寺由「姓洪仔」、「姓蘇仔」、「姓張仔」三姓同祀。但後來隨著各姓子孫的繁衍、勢力的消長及血緣聚落的形成，有幾個大姓便從原來祭祀的寺廟分出，另建自己的角頭廟，如「姓李仔」從飛鳳宮分掛香爐，另塑金身，至自己的聚落建廟供奉，是為濟天宮；「姓蘇仔」經擲筊後，從朝鳳寺分得媽祖神尊，至自己的聚落建廟祭祀，是為朝天宮。即使是紅毛港五大姓中，人數最少的「姓吳仔」，也在民國 78 年（1989）興建「天龍宮」，奉祀何府千歲，將原屬於飛鳳宮的吳姓宗親吸納過去，形成新興的角頭廟。對紅毛港各大姓而言，地緣組織的寺廟反而是結合同姓族人的重要據點，也是展現宗族勢力的最佳場域，因此只要能力可及，都會盡可能在自己的血緣聚落中興建寺廟，而逐漸形成六大角頭廟。

　　有關寺廟與聚落之間的關係，又涉及到人類學者討論民間信仰常用的「祭祀圈」概念。日本學者岡田謙是最早以此一概念來研究臺灣社會者，他定義祭祀圈為「共同奉祀一個主神的民眾所居之地域」。[10] 國內學者許嘉明接續其後，他也為祭祀圈下了一個定義：「一個以主祭神為中心，共同舉行祭祀的信徒所屬的地域單位。其成員則以主祭神名義下之財產所屬的地

10　岡田謙，〈臺灣北部村落に於ける祭祀圈〉，《民族學研究》4 卷 1 期（1937 年），頁 22。

域範圍內之住民為限。」他並提出劃定祭祀圈範圍的四項指標：1. 出錢有份，建廟、修廟或祭祀時要分擔經費。2. 頭家爐主，有錢有份的人都有擔任的資格。3. 巡境，主祭神有時或循例在信徒範圍內巡境。4. 請神，信徒家中有喜慶，可請神至家中坐鎮。[11] 林美容則是晚近研究祭祀圈最有成果的學者，她深入調查南投草屯鎮的地方組織，指出祭祀圈是以神明信仰來結合與組織地方人群的方式，它具有一定的範域（territory），在此範域內居民以共神信仰而結合為一體，有某種形式的共同祭祀組織，維持例行化的共同祭祀活動。她並以許嘉明的說法為藍本，提出祭祀圈的六項指標：1. 建廟與修廟居民共同出資；2. 有收丁錢或募捐；3. 有頭家爐主；4. 有演公戲；5. 有巡境；6. 有其他共同的祭祀活動；必須滿足一個以上的指標才有祭祀圈可言。[12]

祭祀圈的概念開啟民間信仰之祭祀範圍、祭祀組織、祭祀活動研究的新路徑，也對於瞭解臺灣漢人社會地緣組織的原則與特性有極大的幫助。吳連賞曾透過調查丁錢及五營的途徑，劃定紅毛港主要五大角頭廟的祭祀圈，如下表：[13]

寺廟	祭祀圈
飛鳳寺	海澄里 1-6 鄰，佔該里 2/3
飛鳳宮	海澄里 6-10 鄰、海昌里、海豐里 1-5 鄰
濟天宮	海豐里 6-10 鄰、海原里 1-2 鄰
朝鳳寺	海豐里北邊非姓李者、海原里、海城里 1 鄰
朝天宮	海城里 2-9 鄰

11　許嘉明，〈祭祀圈之於居臺漢人社會的獨特性〉，《中華文化復興月刊》11 卷 6 期（1978 年），頁 62。

12　林美容，〈由祭祀圈來看草屯鎮的地方組織〉，頁 132-140。

13　吳連賞，〈紅毛港的聚落發展與社會變遷〉，頁 116。

　　大體而言，各角頭廟的祭祀圈即是各里的範圍，這也是血緣聚落形成後所出現的現象。祭祀圈會隨著聚落的發展而有所改變，如早期飛鳳宮由楊、李、吳三姓共同參拜祭祀，但後來李姓另建濟天宮，吳姓另建天龍宮後，原有的祭祀圈分裂為三個，飛鳳宮的祭祀範圍也自然縮小。又朝鳳寺本來由洪、蘇兩姓合祀，但後來蘇姓分出，另建朝天宮，使原有的祭祀圈分裂為二，朝鳳寺的祭祀範圍也自然縮小。因此，從紅毛港寺廟祭祀圈的改變，可以看到聚落發展的軌跡及其背後血緣因素的作用。

（二）海洋性格

　　遷村前紅毛港寺廟與信仰的海洋性格，首先表現各廟所奉祀神明，大多具有「海神」性質或與海洋有關。以六大角頭廟為例，飛鳳寺主祀廣澤尊王，同祀觀音、朱府千歲；飛鳳宮與濟天宮主祀保儀尊王；朝鳳寺主祀觀音與媽祖；朝天宮主祀媽祖；天龍宮主祀何府千歲。此外，修善堂主祀觀音、正直千歲廟、管府廟皆主祀王爺，這顯示觀音、媽祖與王爺是當地居民主要信仰的神明，祂們也常被認為具有「海神」的性質。

　　觀音又稱觀世音，原是印度佛教極樂世界中的「西方三聖」之一，西漢末年佛教傳入中國後，阿彌陀佛與觀世音菩薩逐漸成為民間最普遍的信仰，而流傳有「家家觀世音，戶戶彌陀佛」的說法，觀音形象也轉化成為一位大慈大悲、神通廣大、充滿母愛的女神。明、清之際，觀音信仰也隨著閩南移民而來到臺灣，其普遍性更勝於內地，全臺各地皆可見奉祀觀音的寺廟，且融合了佛教與民間信仰，而形成有別於「正統佛教」的「民間佛教」現象。[14]

　　以觀音為主神的寺廟，通常稱觀音為「觀音媽」，也跟媽祖一樣，有大媽、二媽、三媽等之分身說法；另亦有稱其為「觀音佛祖」，簡稱「佛祖」。根據日治以來幾次全臺寺廟主祀神的調查，觀音佛祖在大正 7 年（1918）及昭和 5 年（1930）皆排名第四，僅次於王爺、福德正神與天上聖母；民國

14　林美容，《臺灣的齋堂與巖仔》（臺北：台灣書房公司，2008 年），頁 12。

49年（1960）、64年（1975）、70年（1981）則更躍居第二，僅次於王爺，[15]顯見臺灣地區觀音信仰的興盛程度。觀音信仰能在臺灣普遍流行，主要因觀音菩薩是「慈航普渡」，同媽祖一樣皆能保護航海人的安全。早年閩、粵移民須遠渡重洋才能來到臺灣，由於有「黑水溝」之稱的臺灣海峽至為凶險，當時的航海技術又十分簡單，因此常會攜帶觀音或媽祖的香火或神像，以保佑其平安渡海，安居之後稍有發展，便會建廟奉祀之。[16]而紅毛港因為一典型漁村，居民大多討海為生，觀音佛祖具有「慈航普渡」的形象及功能，正可以給討海人心靈的依靠，而成為眾多居民的信仰對象。

媽祖又稱天上聖母，為臺灣最具影響力的神明。媽祖生前靈驗事蹟頗多，較為人知的是其父與兄渡海北上，時西風正急，狂濤震起。媽祖正在家機織中，忽緊閉雙眼，臉色頓變，手持梭，足踏機軸，其狀宛如恐失所挾者，怪而急呼之，梭遂掉落。媽祖泣曰：「父親無恙，兄已歿。」少頃報至，果其然。蓋閉睫之時，足踏者乃父之舟，手持梭乃兄之舵，被叫醒時足仍踏機軸，父乃獲救，但手中之梭掉落，兄乃滅頂。[17]由於這則靈驗事蹟流傳甚廣，媽祖遂被後人賦予海神的性格。

媽祖信仰會在臺灣大為盛行，主要是因為祂與觀音菩薩一樣，都具有母性的形象，也都能庇佑航海安全，因此不僅早期移民渡海要向其祈禱，更進而認定祂們是濟諸苦難、救諸眾生的全能神，如同孺子向母親哀懇祈求一樣，媽祖與觀音菩薩皆成為民間信仰中，有禱皆應的大靈大顯神祇。[18]媽祖的母性神特質，也表現在稱呼上。在廣東地區稱媽祖為天妃或天妃娘娘，莆田地區稱呼為娘媽，臺灣則稱為媽祖婆，尊稱為天上聖母。林美容認為女性成神稱為「媽」，媽祖生前人稱默娘，未婚而逝而成神，故稱為

15　余光弘，〈臺灣地區民間宗教的發展——寺廟調查資料之分析〉，《中央研究院民族學研究所集刊》53期（1982年），頁81。

16　余光弘，〈臺灣地區民間宗教的發展——寺廟調查資料之分析〉，頁90。

17　詳見增田福太郎著，黃有興譯，《臺灣宗教信仰》（臺北：東大圖書股份有限公司，2005年），頁311-313。

18　余光弘，〈臺灣地區民間宗教的發展——寺廟調查資料之分析〉，頁90。

「娘媽」。成神之後，年齒也會增長，故稱「媽祖」，「祖」字也是為了與女性陰神的有應媽、百姓媽有所區別，顯示其正神的性格，如同民間信仰的觀音被稱為「觀音佛祖」或「佛祖」一般。再加上「婆」字則表示更老一級，故稱為「媽祖婆」。又尊稱媽祖為天上「聖母」，則更是將其母性神的特質表現到極致。[19] 紅毛港居民會普遍信仰媽祖，主要是祂與觀音一樣，皆具有海神與母性神的性格，可給予討海人心靈的慰藉與勇氣。

王爺又稱王爺公、千歲、千歲爺、大人、老爺、大王、大總巡、遊王、天行使者、行災使者、將軍、元帥、代天巡狩或「某府千歲」，祂是臺灣最普遍的民間信仰，奉祀為主神的寺廟數也始終高居第一。[20] 根據劉枝萬的調查，臺灣的王爺廟以澎湖、臺南沿海一帶最為稠密，嘉義、雲林、高雄等沿海地區次之。王爺廟盛行於沿海地區，主要與放流王船的習俗有關。放流王船即送瘟的儀式，初時因陋就簡，迨閩粵沿海開拓就緒，海運日盛，瘟疫漸多，人民始知其疫源多由海船舶載而來，遂導致疫鬼之巢窟在東海中某一島嶼上之俗信，為祛除瘟疫，非將疫鬼送回原處不可。於是，王船由原先的草舟或紙船轉變為適合遠航之竹筏或木船，人民對瘟神的觀念也由疫鬼本身逐漸轉變為疫鬼之管理者，而賦予「代天巡狩」之瘟王銜稱。又由於瘟神與海洋文化發展息息相關，遂漸被賦予保護航海平安的海神功能，成為漁村之守護神，用來祈求漁獲增多。[21]

除了天龍宮、正直千歲廟、管府廟主祀王爺外，飛鳳宮與濟天宮的主神保儀尊王亦具有王爺性質。保儀尊王為唐代安史之亂時，死守睢陽的張巡或許遠之尊稱，根據陳威廷的調查，臺南市祭祀張、許兩人的廟宇及神壇，大多會冠上「厲王」二字。據說「厲王」之由來乃張巡於睢陽城將失守

19　林美容，〈台灣媽祖形象的顯與隱〉，《媽祖信仰與台灣社會》（臺北：博揚文化事業有限公司，2008 年），頁 18-19。

20　根據余光弘的統計，除大正 7 年、昭和 5 年福德正神廟高於王爺廟外，在民國49、55、64、70 年的調查，王爺廟都高居第一。參見氏著，〈臺灣地區民間宗教的發展──寺廟調查資料之分〉，頁 81。

21　劉枝萬，《臺灣民間信仰論集》（臺北：聯經出版事業股份有限公司，1985 年），頁 229-233。

時，在城樓上向西拜曰：「孤城備竭，弗能全。臣生不報陛下，死為鬼以癘賊。」張巡、許遠死後，唐皇帝追封兩人，民間便尊稱兩人為「厲王」。從此張巡、許遠便從含冤而死的厲鬼，轉變為受人景仰奉祀的厲王，也就是生前有功於世人，死後被尊祀為神明的「英靈王爺」。又張巡、許遠兩人在臺南地區的神格，主要為職司鎮疾、撫冥之神及保護地方的保境安民之神；信徒若是犯到陰煞，甚而精神錯亂、久病不癒者，厲王皆能幫其消災解厄。[22]因此，臺南的保儀尊王信仰已與一般王爺信仰無異，具有醫神及保境安民之神的性格。

紅毛港飛鳳宮與濟天宮每年皆到臺南市保儀尊王信仰母廟之一的南廠北頭角尊王公壇進香或會香，顯示紅毛港的保儀尊王亦同樣具有王爺的性質，這可從其兩廟信眾尊稱保儀尊王為張府尊王，而通常只有王爺才會冠上姓氏的特徵中看出。因此，不論是保儀尊王或是何府千歲、正直千歲、管府千歲等，皆屬於王爺信仰的範疇；而王爺所具有的海神性格，正可庇佑與海為伍的紅毛港人，故能成為當地重要的信仰。

除了上述的神明外，紅毛港海眾廟、保安堂奉祀來自海中的無主孤魂，也頗能表現當地信仰的海洋性格。海眾廟類似民間的有應公廟，主要是漁民出海作業時，在海中撈到船難時所留下的屍骸，基於人道考量及迷信心理，常會將屍骸帶回岸邊安葬，並建海眾廟加以祭拜，民國50年代（1960年代）紅毛港類似廟宇即多達30餘座。當地耆老表示，漁民撈到無名屍骨如不加理會，下次出海可能會發生船難或空手而歸，因此都會帶上岸加以埋葬，並依其庇佑的靈驗程度，興建大小不一的海眾廟。[23]

保安堂則供奉宗府、郭府及海府三尊神像。該廟緣起於大正12年（1923）漁民海上作業時，撈獲一條人的腿骨，乃帶回建一竹寮供奉，是為「郭府」。民國35年（1946）漁民又於海上撈獲頭顱，亦攜回供奉於保安

22　陳威廷，〈臺南市張巡、許遠信仰研究：兼論王爺信仰的起源說〉，《臺南文化》新52期（2002年3月），頁76-87。

23　王瑞伶，〈海眾廟，海裡眾生我皆拜〉，《聯合報》39版，2000年7月19日。

堂，後托夢給不諳日語的乩童，表示其為日本第 38 號軍艦艦長，在太平洋戰爭中陣亡，是為「海府」尊神。民國 79 年（1990）8 月，信徒依「海府」尊神指示，至琉球尋訪護國神社，果真有日本第 38 號軍艦遭擊沉之史實，於是在翌年（1991）由信徒捐款，請哈瑪星之造船匠黃秀世建造日本軍艦奉祀之。[24]

其次，從紅毛港神明的香火緣起，也可看見與海洋的密切關係。根據林美容對高雄縣媽祖廟、王爺廟香火緣起的調查，發現有海中撈撿或與沉船有關、原廟在海邊崩塌入海而分祀各地、溪邊或海邊拾獲、覆船時抱王爺上岸等類型，皆具有鮮明的「海的意象」。[25]在紅毛港也可看見類似情形，例如朝鳳寺的主神觀音佛祖，相傳係村民發現海面漂流一塊異物，經打開觀看，為一尊觀音佛祖的神像，乃迎回家中供奉，朝夕膜拜。後來觀音佛祖的聖蹟頻傳，居民乃正式建廟奉祀之。[26]飛鳳寺的同祀神朱府千歲，相傳係村民吳萬居在枋寮討海，遇病夢王爺救難，感恩再生之德，乃迎回該廟奉祀。主神廣澤尊王則是大陸帆船遭遇颱風，漂流來當地海灘，夜晚托夢給村民洪萬法、洪教兩兄弟，他們冒暴風雨趕往指點位置，果然尋獲神像，乃以紅綢裹覆，迎回該廟供奉。

再者，在紅毛港流傳有不少神明的靈驗傳說，亦可突顯其信仰的海洋性格。紅毛港大多數居民都靠捕魚維生，漁獲收成關係到漁民及其家人的衣食溫飽，是生存過程中最需要面對的問題。然而，就如同當地諺語所說：「魚仔要來不張遲（突然），要去無相辭」，[27]魚群來去難以掌握，漁民除了靠平時捕魚的經驗外，多少也需要一點運氣的成分，才能確保滿載而歸。因此，在紅毛港的感應傳說中，有許多是在宣揚神明保佑漁獲豐收的事蹟，如飛鳳寺的聖王公（廣澤尊王）會指示某些人暫時不要出海，因為海象

---

24 李億勳，《紅毛港文化故事》，頁 67-69。
25 林美容，〈高雄縣王爺廟分析——兼論王爺信仰的姓氏說〉，頁 305-306。
26 林育男，〈朝鳳寺（二）〉，王賢德編，《高雄市寺廟文化專輯（一）道教部分》（高雄：高雄市文獻委員會，2003 年），頁 211。
27 張守真、楊玉姿，《紅毛港的前世今生》，頁 347。

太差，可能有大風暴，漁民就會依神意留在港灣修補漁網，等待出海的時機。有時聖王公也會以托夢的方式，叫某些人趕快出海，因有大批魚群要洄游經過紅毛港附近海域，漁民出海捕魚，通常能滿載而歸。尤其是捕烏魚的時候，當地人戲稱聖王公的指示比雷達探測還要準。[28]

　　濟天宮某個信徒表示，年少時出海捕魚，都是尊王公（保儀尊王）保佑，才能抓得到魚。尊王公會托夢，指示他何時出海，何時會出現烏魚，只要聽從指示而行，都能保平安、賺大錢。天龍宮的吳姓信徒也表示，少年時跟人家出海，結婚後有自己的漁船，出海捕魚前都要先請示何府千歲，只要依指示的時間出海，都可以滿載而歸。因此在漁期過後，漁民都會集資在廟前演戲，以酬謝神明。[29]另根據朝天宮蘇主委表示，他從年少「跑船」到四、五十歲退休，每次出港捕魚前都會到廟裡拜拜，媽祖也都會

圖 2-4　遷村前紅毛港居民大多從事漁業，漁筏密布（楊玉姿教授提供）

28　朱秀芳，《戀戀紅毛港——寺廟建築與信仰》，頁 51。
29　朱秀芳，《戀戀紅毛港——寺廟建築與信仰》，頁 50、57。

指引他魚群的方向，使他一直堅持「無滿載，無返航」的原則。由於漁業生涯備受媽祖庇佑，他也懷著知恩、報恩的心情來為媽祖服務，全心全力投入朝天宮的建廟事務。

　　另外，紅毛港保安堂尚有一則傳說：早年漁民出海捕魚，曾下網撈起一塊巨大的樟木，又將它丟回海中。但第二、三次在別處下網，卻又同樣撈起這塊樟木，漁民皆覺得不可思議，乃恭敬地將其攜回。後來，保安堂要找木頭雕刻神像，這塊樟木的大小正好可以雕刻三尊神像，即今該廟所供奉之郭府、海府、宗府三尊。[30] 在臺灣廟宇的香火緣起中，有一種「海中撈撿」的類型，即是廟中的神像是當地居民或漁民從海中撈起撿到的。這種香火緣起類型最常出現在沿海漁村，如上述飛鳳寺的廣澤尊王神像，即是洪姓兄弟在外海沙灘上所撿拾到的。雖然在這則傳說中，漁民所撿到的是雕刻神像的木頭，而非神像本身，但都展現出神像來源的特殊神蹟，更重要的是表現出這些漁村廟宇特有的「海的意象」。

　　綜上所述，紅毛港的民間信仰具有鮮明的血緣性格與海洋性格。血緣性格表現在當地五個大姓都有屬於自己的角頭廟，它們有些是由族姓私佛演變而來，與該姓宗祠保持密切的互動關係，且祭祀圈即是各血緣聚落的範圍，管理組織也以同姓宗親為主。海洋性格則表現在當地所信奉的神明，以具有海神性質的觀音、媽祖與王爺為主，亦供奉海上的無主孤魂；有些神像或雕刻神像的木頭是由海中撈撿，亦流傳許多神明保佑漁獲豐收的靈驗傳說。由此可知，民間信仰的形成與發展，是與信徒的生存環境、社會組織結構及從事產業有密切的關係，紅毛港三面環海，居民大多同姓聚居，並以捕魚為業，故其信仰的緣起、神靈、傳說與組織等，也就明顯表現出血緣性、海洋性之特色。

30　李億勳，《紅毛港文化故事》，頁 67-68。

三、飛鳳寺

　　遷村前的飛鳳寺位在紅毛港最南端的「埔頭仔」，其地名由來有兩種說法，一是該庄位在紅毛港頭而名之；二是大林蒲與埔頭仔之間為過去的墓仔埔，該庄因位在墓仔埔的前面而名之。日治時期「埔頭仔」屬第一堡，居民以楊姓、洪姓、吳姓居多。[1]

　　飛鳳寺建廟年代不可考，根據該廟在民國 73 年（1984）所立碑文所載，廣澤尊王乃 120 年前漂流至該庄海灘，由洪氏兄弟請回該廟供奉。如以此推估，或在同治 3 年（1864）該廟即已存在，且最初是以觀音佛祖為主神，建廟年代應該更早，較有可能是在 19 世紀中葉。不過，在清光緒 21 年（1895）盧德嘉《鳳山縣采訪冊》，及日治昭和 13 年（1938）曾景來《臺灣宗教與迷信陋習》等書中，皆未記載該廟，無法提供建廟年代的佐證。

　　又據上述碑文記載，該廟最初原以竹編茅草，構造簡陋，坐西朝東。第二次就地翻修為木造，民國 50 年（1961）又重建基石為紅瓦磚造。民國 71 年（1982）又因寺廟漏水，且人口激增，乃發起第四次重建，總工程費高達 21,645,797 元，至民國 73 年（1984）10 月完工安座，並於同月 25 日舉行慶成祈安清醮。根據另一塊信徒樂捐芳名錄的碑文顯示，這次重建經費

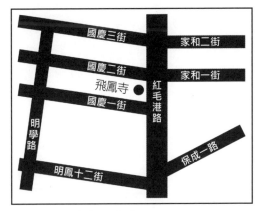

圖 3-1　飛鳳寺位置圖

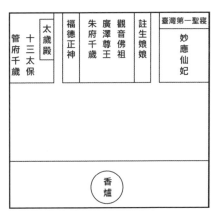

圖 3-2　飛鳳寺正殿配置圖

1　吳連賞，〈紅毛港的聚落發展與社會變遷〉，頁 87。

主要由「埔頭仔」本庄及外庄信徒捐獻，外庄信徒以紅毛港海昌、海豐、海原、海城等四里居民為主，也有紅毛港以外地區的信徒，由其姓氏也以洪、楊、吳姓居多，推論應多為遷居鄰近地區或旅居外地的紅毛港鄉親。另值得注意的是，碑記中特別列出本庄與外庄漁船樂捐芳名錄，亦即在捐獻者的姓名上方會註明其漁船的船名，顯示捐獻者不僅藉此祈求神明保佑其個人，也能庇護其漁船航海平安、滿載而歸，將當地的漁村特色表露無遺。

經由這次的重建工程，飛鳳寺也成為紅毛港地區最雄偉華麗的寺廟。廟體建築臺基挑高，正面採用五門形式，龍柱則以九龍華麗雕刻，石獅皆採觀音石雕刻。正門前階梯設有九龍雕刻的御路，廟體左右分置龍鐘樓與鳳鼓樓，廟頂則有華麗對稱的剪黏與福祿壽三仙。除了廟宇主體外，飛鳳寺在該庄東、西、南、北、中等五個方位，各設有外五營的小廟，其範圍與祭祀圈雷同，為紅毛港寺廟中最完整者。

飛鳳寺主祀廣澤尊王，同祀觀音佛祖與朱府千歲，這三尊神明的來歷各異，今該廟碑文有載：

> 飛鳳寺基主神，原觀音佛祖，其寶像由來係在本庄黃順興先生家中迎請本寺供祀，經幾年後為了信徒建議再粧佛祖金身乙尊，自原佛祖還黃順興先生，本寺再粧的佛祖也就是南海觀音佛祖，配祀朱府千歲；吳萬居先生在枋寮討海，遇病夢王爺救難，感恩再生之德，迎回本寺奉祀，此為朱府千歲供祀由來。後來廣澤尊王大陸帆船遭遇颱風，漂流來本社靠淺海灘，目堵（筆者按：應為「睹」）本庄，夜托夢本境信徒洪萬法、洪教兩昆仲，洪氏等冒暴風雨依據指點地置，果應夢事，即刻拾裡紅綢請回本寺膜拜，因尊王之威靈赫濯，相輔佛祖神威特殊，主神南海觀音佛祖慈悲心感動，特即禪讓主神位予廣澤尊王經過數百年歷史。

由此可知，飛鳳寺最初之主神為觀音佛祖，原是庄民黃順興家中的「私佛仔」，後來成為地方居民共同祭拜的神明，並另雕金身奉祀之。廣澤尊王則是因颱風漂流至當地海灘，托夢給洪姓兄弟前來尋獲，迎回該廟供奉，

後來因頗為靈驗，而取代觀音佛祖成為主神。又據廟方人員進一步表示，當地人稱廣澤尊王為「聖王公」，祂最初乃供奉在一艘大陸廣東南澳的漁船，因颱風而漂流到此地。神像被洪姓兄弟尋獲拾回後，因有孩童拿來玩耍而被附身起駕，乃將其送至飛鳳寺供奉。當時觀音佛祖原有一名乩童，「聖王公」來後即常借乩辦事，為信眾治病頗為靈驗，聲名遠播，後來觀音佛祖乃

圖 3-3　飛鳳寺主祀廣澤尊王（中），同祀觀音佛祖（圖右）與朱府千歲（圖左）

降駕指示將主神大位讓予「聖王公」。朱府千歲則是庄民吳萬居在枋寮討海時，因感神蹟而迎回該廟奉祀。由廣澤尊王與朱府千歲的來歷觀之，皆與海洋有關，也再次突顯當地的漁村特色。

　　配合紅毛港遷村計畫，飛鳳寺於民國 96 年（2007）11 月 24 日舉行盛大的遷廟大典，將各神尊暫祀於鳳山南成里國慶十街與紅毛港路交接處的臨時行宮，並於民國 97 年（2008）5 月動工興建新廟。在紅毛港最後一次重建的飛鳳寺，不論在工程經費、廟體規模與建築樣式上，皆為當地其他公私廟宇之首，故在後來的遷村作業中，也獲得政府最高的拆遷補償金，據廟方表示有 1 億 7 千多萬，這也是遷村後重建新廟的主要資金來源。另尚有近億元的經費，則仰賴十方信眾的樂捐，其中仍以原紅毛港的信徒為主體。由於建廟用的大陸石材、木材及工資皆持續漲價，原本讓信徒認捐的龍柱等款項已不足以支應，所幸後來捐款不斷，才能補足數千萬元的缺口。[2] 此外，如該廟主任委員洪明三陸續捐款約 4 百萬元，另有信徒捐紫檀、象牙樹及一棵百年的七里香，[3] 就在眾人的齊心努力下，終在民國 101

2　謝龍田，〈大陸工資高漲，石木建材高漲，蓋廟募款卡卡〉，《聯合報》B1 版，2012 年 3 月 18 日。

3　謝龍田，〈眾志成「廟」，認捐廟柱，助紅毛港廟宇遷建〉，《聯合報》B2 版，2011 年 12 月 30 日。

年（2012）3月9日順利完工落成，並舉行盛大的入火安座大典，平安宴席開8百多桌。

　　矗立在鳳山區紅毛港路27號的飛鳳寺，整體寺觀巍峨華麗。新建大殿金碧輝煌，正面神龕皆金箔鑲貼而成，並掛有富麗堂皇的數座宮燈。龍柱、青石圓柱雄偉壯觀，木石雕刻精細，兩側細緻交趾陶堵人物栩栩如生。門口石獅高四米、寬二米，石雕氣勢恢弘。兩側依次建有右邊龍鐘樓、左邊鳳鼓樓，外圍牆柱塔燈為仿唐廟古典式建築風格，牆面高低起伏，宛如一條神龍圍繞護衛廟殿。廟宇中軸線臺基與兩側階梯間的坡道，有華麗的九龍壁御路，兩側階梯旁雕刻有彌勒佛祖神像與八仙過海，廟殿後方亦立有九龍壁的石雕。

　　飛鳳寺廟方對建造新廟至為用心，不僅各文物構件的材料與造型皆甚講究，也邀請到幾位傳統藝術大師前來參與施作。例如正殿兩側的交趾陶

圖 3-4　飛鳳寺宏偉的外觀

堵，即由出身嘉義新港的知名藝師林洸沂所承作，他曾獲多屆民族工藝獎、傳統工藝獎、文化藝術薪傳獎，也被行政院文建會（今文化部）指定為「交趾陶保存修復技術」保存者。據廟方表示有人介紹林洸沂來此承作，他本人也頗有意願，與廟方洽談一次即成。林氏在作品完成後告知廟方，這兩面交趾陶圖樣專屬飛鳳寺，如有其他廟宇要製作相同作品，會請其先來該廟擲筊請示神明同意。又如神桌上一對造型獨特、工法細緻的錫燈，則由出身於彰化鹿港的藝師陳萬能所承作，他也曾多次獲得民族工藝獎、民族藝術薪傳獎，並獲文建會（今文化部）指定為「重要傳統藝術保存者」，

是國內少數碩果僅存的錫器老藝師。另外，廟方對於匾額的規格也有一定的要求，會配合建築空間訂出規格，再請贈匾者依此製作，以確保莊嚴性與整體感。

圖 3-5　飛鳳寺正殿的傳統工藝皆出自名家之手

除了嶄新的廟宇建築外，廟方也在一樓保留舊廟的龍柱、門板、碑記、石雕壁堵與木雕花窗等，融入新廟的建築之中，一方面見證該廟的發展歷史，另方面則可節省建材經費上千萬元。再者，廟方在一樓的牆面設置十多面石雕壁畫，呈現過往紅毛港漁村生活的場景，包括有蝦苗繁殖場、出海捕魚、漁塭、沿海牽罟、捕烏魚、內海撈蜆、曬蜆場、廟會、滿載而歸等，顯示對保存紅毛港文化的用心。主委

圖 3-6　飛鳳寺石雕壁畫「沿海牽罟」，重現紅毛港昔日生活場景

洪明三也有感而發的表示，這些遷村重建的寺廟，才是保存紅毛港文化的重要見證，紅毛港文化園區不應設在地處偏遠，且已無舊有遺蹟的第二港口，而應遷來此地與寺廟結合，方有助於保存與發揚紅毛港文化。

遷村後飛鳳寺所奉祀的神明大致相同，僅遷村前在該廟後方的管府廟，在此次遷建中將土地、主神管府千歲及部分管理委員併入該廟。不過，該廟在遷村之後，即跳脫以往封閉的經營模式，積極拓展主神廣澤尊王的交陪網絡，並提升在同祀宮廟的能見度與地位。遷村前飛鳳寺僅與一般公認是臺灣廣澤尊王廟龍頭的臺南市西羅殿有所交流，而與其他的同祀宮廟皆無往來。遷村後該廟在臺南市下林玉聖宮、高雄市苓雅寮保安堂的引介下，交陪網絡擴展至臺南市永華宮、雲林土庫鳳山寺、高雄旗津中洲七柱鳳山寺、大坪頂鳳騰宮等廟，並與大陸廣澤尊王祖廟福建南安市詩山鳳山寺建立直接的關係。

民國 98 年（2009）7 月，下林玉聖宮邀請南安詩山鳳山寺廣澤尊王神尊首次來臺巡香，巡香時間將近一個月，除在臺南市舉辦三獻大典與祀宴慶典外，也駐蹕下林玉聖宮、臺南佳里保安宮、嘉義聖王宮、雲林土庫鳳山寺、彰化鹿港鳳山寺等全臺十三個同祀廟宇，飛鳳寺也是其中之一。祖廟神尊在 7 月 23 日駐蹕該廟，諸信眾爭相禮敬膜拜，各隨行友宮也贈匾祝賀，廟方還將此事刻在沿革碑記中，以示尊榮。民國 101 年（2012）飛鳳寺落成，舉行入火安座大典，詩山鳳山寺與下林玉聖宮聯名贈送「鳳山延靈」匾額一方，懸掛在大殿正門上方，顯示廟方的重視程度。

圖 3-7　廣澤尊王祖廟南安詩山鳳山寺所贈「鳳山延靈」匾額

民國 102 年（2013）3 月飛鳳寺為慶祝新廟建成，舉辦盛大的謁祖進香與遶境活動。該廟曾在兩岸開放宗

教交流前後,兩度前往大陸詩山鳳山寺進香,但規模都較小。此次活動由130 人迎奉廣澤尊王等 27 尊神明,於 3 月 28 日飛抵詩山鳳山寺謁祖進香;隔日至安溪太王陵祭祖;30 日返抵高雄,並帶回一尊詩山鳳山寺的廣澤尊王來作客。31 日舉行遶境,有三十多間廟宇共襄盛舉,其中包括十多間紅毛港廟宇,堪稱是遷村後地方廟宇首度大團結遶境,別具意義。遶境隊伍由飛鳳寺 18 支兩公尺高的「羅漢旗」前導,上午遶行小港區的漢民路商圈、高松、桂林一帶,下午則繞行前鎮區、鳳山區間的紅毛港遷村部落,獲各廟宇熱情歡迎,並出動各式陣頭助陣,展現紅毛港各宮廟的深厚情誼。[4] 這次大規模進香也建立兩岸互動的管道,飛鳳寺幾乎每年皆會至詩山鳳山寺謁祖參訪,民國 104 年(2015)並分靈一尊白袍廣澤尊王金身回臺供奉,廟內也設置大陸各重要同祀宮廟的資訊看板,顯示該廟積極推動兩岸宗教交流的用心。

除了與詩山鳳山寺及臺灣同祀宮廟建立交陪友好關係外,飛鳳寺也在新廟建築設計與空間配置上,盡量突顯主神的信仰特色,希望形塑該廟成為東南亞最大的廣澤尊王廟。例如在左邊偏殿設有的「臺灣第一聖寢」,奉祀廣澤尊王及其夫人妙應仙妃,在神龕後並有金碧輝煌的仿古眠床、梳妝臺、盥洗架,做為兩神的寢宮;神桌上則有祭拜妙應仙妃的繡花鞋、香水、化妝品等供品,頗具特色。據廟方表示該殿本有其他設計,後來參考詩山鳳山寺的作法,忽然靈感湧

圖 3-8 飛鳳寺的「臺灣第一聖寢」

---

4 謝龍田,〈紅毛港飛鳳寺,月底泉州謁祖〉,《聯合報》B2 版,2013 年 3 月 24 日。
  謝龍田,〈飛鳳寺遶境,30 多廟尬陣頭〉,《聯合報》B2 版,2013 年 4 月 1 日。

現，而改成全臺唯一的神明聖寢。另在右邊偏殿則奉祀管府千歲與十三太保，十三太保為廣澤尊王與妙應仙妃所生的十三個兒子，該廟特別擲筊選出十一太保做為鎮殿神明，亦頗能表現廣澤尊王廟的特色。廟方在沿革碑記中，特別以大篇幅記載廣澤尊王的出生、為人牧羊、獲得地理、坐化成神、顯靈救駕等傳說史略，並在二樓外牆設置這些傳說的石雕壁畫，廟後方草地則有象徵其生前為一牧童的羊群石雕，都在強化廣澤尊王的信仰內涵與意象。該廟總幹事吳世明在為筆者導覽石雕壁畫時，特別提到廣澤尊王曾與其岳父安溪司公鬥法，而使鳳山寺東北角遭燒燬的傳說；他並指出該廟新建落成後，唯獨廟體東北角因水路不通而漏水，似乎也與這則傳說相呼應。

飛鳳寺走出舊時紅毛港的封閉格局，擴大與其他宮廟的交陪網絡後，也吸引許多外地的宮廟與信徒，有些宮廟是透過詩山鳳山寺、臺南市永華宮、下林玉聖宮而得知該廟，特別從臺北、臺南或屏東前來參拜，甚至有來分香者。民國103年（2014）2月新加坡聖王文化傳承委員會一行近30人，即在詩山鳳山寺的指示下，特別迎請神明來該廟參香，並請中國道教嗣漢第六十四代天師張道禎教主主持三獻禮儀式，也獲該廟熱情接待。另外，該廟也由信徒架設網站，吸引不少外地香客前來參拜，新聞媒體也會因看到有關資訊而主動前來採訪，頗有助於提升該廟的知名度。

今飛鳳寺的信徒名冊有499人，其中89人為信徒代表兼委員，大多仍延續舊時紅毛港的人員。不過，許多列冊信徒因散居各地，已很少回來祭拜或參與活動，加上未收丁口錢，因此廟方會用更積極的經營方式，以開拓外來的信眾及經濟來源。民國103年（2014）春節，該廟以不鏽鋼打造類似「小九曲橋」的創意平安橋，橋身有布簾與十二生肖圖樣，晚上配合旁邊的景觀樹與LED燈，張燈結綵，十分引人注目。信眾只要繳交結緣金100元，即可過平安橋及參加摸彩，獎品有電冰箱、液晶電視、機車及發財金

財金等，[5] 總計大年初一至初三，即有 5 千多人參與。此外，該廟有點光明燈、安太歲之宗教服務，每人 500 元，年尾還可領 3 公斤的平安米；而一樓宴會廳則可供民眾租借，這些都是經濟來源之一。廟方表示未來也考慮仿效南投竹山紫南宮，以「發財金」來帶動人氣，這些都會一步步來推動。總之，經營方式已不能像在紅毛港時的封閉，必須要更多元開放才能有所發展。

5　謝龍田，〈飛鳳寺走平安橋，朝天宮拼黃金馬〉，《聯合報》B2 版，2014 年 1 月 28 日。

四、飛鳳宮

遷村前的飛鳳宮稱為「姓楊仔廟」，祭祀圈範圍涵蓋海昌里全里及海澄、海豐兩里的一部分，最初是由楊、李、吳三姓共同參拜合祀，後來由於李姓子孫繁衍，信徒大增，加上祭拜不便與意見分歧，李姓便從該廟分掛香爐至其庄內供奉，即為濟天宮。民國 78 年（1989）在該廟祭祀圈內又另建一間天龍宮，將海豐里 1 至 5 鄰的吳姓居民吸納過去。[1] 雖然飛鳳宮因李、吳姓信徒另建他廟，而使祭祀圈有所縮減，不過根據濟天宮主委李義三表示，飛鳳宮在遷村前的丁口數約有 6,800 丁，仍是紅毛港各廟最多者。

飛鳳宮的建廟年代不詳，相傳是在清光緒年間，但光緒 21 年（1895）盧德嘉《鳳山縣采訪冊》，及日治昭和 13 年（1938）曾景來《臺灣宗教與迷信陋習》等書皆未記載。該廟原為一草寮，因年久失修倒塌，由信徒發起改建為石砌小廟。後又因主神保儀尊王頗為靈驗，加之該廟屋樑漸有損壞，信徒乃於民國 65 年（1976）倡議重建，由陳東源任董事長，並率先

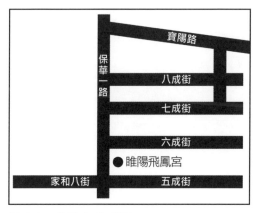

圖 4-1　飛鳳宮位置圖

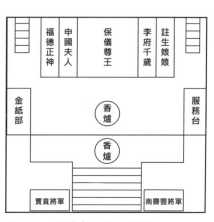

圖 4-2　飛鳳宮正殿配置圖

1　吳連賞，〈紅毛港的聚落發展與社會變遷〉，頁 115、117。

出 16 萬元，在眾人的支持下，歷時 1 年 4 個月重建完成，[2] 所在位置為海澄里海汕一路 285 號，這也是遷村前的最後廟貌。

民國 65 年（1976）重建的飛鳳宮，聘請許多有名匠師參與施作，屋頂為歇山式重簷頂，層層疊疊，豐富的組合，突顯寺廟建築之美。大殿藻井最上方為八卦圖案，下方有八條龍雕圖案。入口兩側各有多幅石雕，內容以三國演義或武松打虎為主。屋簷則有花籃吊筒，為精巧細緻的宮燈造型。[3] 該廟前方有一傳統市場，攤販租金為該廟重要的經濟來源，也是附近居民主要的活動場所。該廟原設有外五營，但東營、中營因臺電大林發電廠建廠而遭拆除，未再重建；南營則因該發電廠建造排水口而遭拆除，後又重建於第二出水口旁，故五營僅存南、西、北三營。

飛鳳宮主祀保儀尊王，又稱武安尊王、張府尊王，當地居民則稱之「尊王公」。

根據今沿革碑文記載其香火緣起，曰：

> 源於村內孩童海邊玩耍，用土偶當神像膜拜，突有一孩童起乩，經請示乃保儀尊王要在此駐駕，爾後村內一老婦眼睛失明紡織時常斷線，則膜拜土偶保佑不要斷線，果真相當靈驗，口耳相傳及村民出海捕魚常祈求出海平安、漁獲滿載，相當靈感，嗣經村民合資興建土瓦廟宇供奉保儀尊王，並奉土偶膜拜昔今之泥塑神像，爾後常有神蹟顯現，漁獲豐收人船平安……。

可見是因孩童膜拜土偶玩耍，忽有神靈附身，自述其為保儀尊王；後來又因時有靈驗事蹟，而為地方居民建廟奉祀。另有一說是有一楊姓居民自臺南迎回張府尊王張巡，俗稱「尊王公」，[4] 故後來該廟每年都會到臺南市

2　賴雍仁，〈飛鳳宮〉，收於王賢德編，《高雄市寺廟文化專輯（一）道教部分》，頁 206。

3　朱秀芳，《戀戀紅毛港──寺廟建築與信仰》，頁 22-23。

4　賴雍仁，〈飛鳳宮〉，收於王賢德編，《高雄市寺廟文化專輯（一）道教部分》，頁 206。

保儀尊王信仰母廟之一的南廠北頭角尊王公壇進香。不過，飛鳳宮工務組長林坤榮否認此一說法，他表示會前往進香，乃因早年當地漁民至臺南沿海捕魚，發現該廟亦同樣祭拜「尊王公」，基於同祀情誼才前往參香，且每次出訪尚會到屏東關山福德宮、臺南大天后宮、高雄左營城隍廟等廟參拜，並非專程去該廟進香。

　　飛鳳宮的保儀尊王也流傳有不少神蹟傳說，較為人知者有兩則，一為「尊王公」曾經顯靈幫抗日分子林少貓治病，今沿革碑文有載：

> 一八九五年中日甲午戰爭簽訂馬關條約割讓臺灣、澎湖給日本，臺灣抗日群起，林少貓以小港後壁林為基地，勢力擴及高屏一帶，與日軍勢均力敵。據傳林少貓在後壁林身體曾不適，尋遍各地名醫及求神問卜皆無起色，俟請示保儀尊王對症下藥，數日後即復原；林少貓為感神恩，特請專人自大陸唐山訂製木雕九龍九鳳三層神轎與刺繡九龍綢線涼傘叩謝，亦成為飛鳳宮虔誠之信徒，日後華麗涼傘則成為保儀尊王出巡之前導與飛鳳宮精神指標。

據廟方表示，林少貓所贈神轎尚存，但涼傘已不知去向。今該廟廟簷下樑柱亦有「神威顯化：少貓造轎立傘答聖恩」之彩繪，為這段神奇傳說留下見證。

圖 4-3　飛鳳宮簷樑彩繪「神威顯化：少貓造轎立傘答聖恩」

　　二為民國 59 年（1970）1 月 28 日，臺電大林火力發電廠因建造排水口，將該廟之南營拆除，雙方協調不成，「尊王公」一怒之下拉起鬍鬚，並有記者拍照存證；後來經臺電同意重建南營，祂的鬍鬚才又恢復原貌。今該廟神桌上尚擺放此張照片，讓信眾見證這段「尊王公」的顯靈神蹟。

　　民國 96 年（2007）底配合紅毛港的遷村計畫，飛鳳宮拆遷至現址鳳山區南成里保華一路 136 號，在廟方人員的積極籌劃與信眾的踴躍捐獻下，新廟終於在民國 101 年（2012）底完工，12 月 2 日恭請保儀尊王眾神尊移駕入廟，12 月 15 日舉行慶成謝土入火安座大典。建廟工程及購地經

圖 4-4　飛鳳宮眾神尊入新廟

費約計 2 億元，除一部分來自政府的補償金外，其餘皆有賴信眾的捐獻，大部分仍以原紅毛港居民為主，其中現任主任委員陳金成即捐獻 1 千萬元，足見對該廟的護持；而紅毛港朝天宮主委蘇石盾也捐獻 30 萬元，顯見兩廟的情誼。

　　新建的飛鳳宮佔地 552 坪，建地則有 298 坪，在其沿革碑文中，對建築特色有詳細的記載：

建築採用五門南式廟體，歇山燕尾建築，重簷疊瓦，富麗堂皇，氣勢萬千。脊上剪黏採用碗剪、白灰製作生動活潑，正殿神龕座椅用水泥塑出九龍八獅、虎皮椅，以檜木雕刻神龕與前後殿網目，粘金彩畫生動。內殿九龍石柱身高廿尺直徑四尺一，精工細雕，三川部口及以保儀尊王經歷為主體浮雕彩繪與詩頌。地坪鋪以四通八達寶錢磚，門神以整塊檜木薄雕方式配合唐彩、淡彩拉金，步口螺鼓，兩對石獅當守衛士，尤其金爐舉世無雙、高三十二尺六寸七，直徑十尺六寸四、用中國新疆天山紅石，雕出雙龍朝珠八獅如意爐，氣

勢磅礡，焚化萬金化億萬錢。石階下置立雄偉南霽雲將軍與賈賁將軍高十三尺三寸七、寬五尺八寸四鎮守，庭前配合一對北獅守護高九尺九、寬五尺七，兩邊排對十八隻龍龜背立宮旗，廟庭安放於六六紅磚，取其平安，六六大順，天長地久，衣錦榮歸之意。本建築展現古代匠藝繁麗特色，雕樑畫棟，美輪美奐，耗費甚鉅。

此外，廟方也特意留下舊廟的龍柱、石獅等石雕古物，將其結合在新廟的建築之中，以延續紅毛港的宗教文化。

飛鳳宮建築的最大特色，是矗立在廟埕右側的環保金爐。據工務組長林坤榮表示，這座金爐是他與陳金成主委設計的，也是兩人探詢海峽兩岸一百多間寺廟的「心得」，既特殊又環保。它共用 46 噸的天山紅石，先從新疆運到福建，由雕刻師傅精心雕製後，再以船運回臺灣組裝，全程逾三千公里，耗費 1 千多萬元。爐身刻有二隻祥龍，爐頂是天珠，取「雙龍朝珠」之意，下有八隻獅子，意指「八獅如意」，紅石遇雨顏色會變紅潤，更是漂亮。此外，舊廟保儀尊王神像及其基座重達 2 噸多，遷村時曾有人主張另新建，但陳金成等人堅持延續傳統，排除萬難，用天車吊進新廟。[5]陪祀神李府千歲的神像，則是邀請紙塑大師魏俊邦所製作。魏氏集雕刻、紙塑、彩繪、大木作、石雕等技藝於一身，臺南市多間知名廟宇神像皆由他製作，但不幸於民國 103 年（2014）初因病去世，因此飛鳳宮這尊紙塑神像更形珍貴。廟前南霽雲等神像所持兵器，亦由知名的傳統刀劍工藝師郭常喜所打造。另在廟門前臺階鋪設內有古錢造型的八角紅磚，有「四通八達」之意，與廟庭的「六六大順」相呼應。廟簷的下樑柱除有林少貓傳說的彩繪外，亦有一幅「飛鳳宮吊載宮匾」的彩繪，見證該廟新建的過程。

飛鳳宮正殿主祀保儀尊王，左右兩邊各奉祀李府千歲、申國夫人，兩神旁邊再陪祀註生娘娘、福德正神，另有配祀五營元帥，二樓右側光明殿

---

5 不著撰人，〈飛鳳宮紅石金爐，環保又吸睛〉，《人間福報》宗教版，2011 年 12 月 14 日。

則奉祀中壇元帥。此外，尚陪祀一尊城隍爺的神像，是早年由左營鳳邑城隍廟所分香而來，可供信眾請回暫祀。新廟奉祀的神明雖與舊廟無異，但廟方對其歷史典故做了不少考證，也將這些考證融入在廟名、建築及奉祀神明之中。有關廟名的調整，廟方表示主要是因臺南大天后宮內有一方匾額，不知來自何方，經該廟多方查詢才知是飛鳳宮所贈，故請該廟應取一正式的廟名，以利識別。後經廟方討論及擲筊請示神意，乃在飛鳳宮前加上「睢陽」二字，以強調該廟主神為安史之亂中死守睢陽的保儀尊王張巡。

除在廟名標示「睢陽」二字外，飛鳳宮內的沿革碑文也大篇幅記載保儀尊王的來歷，曰：

> 保儀尊王係唐朝忠臣良將張巡，鄧州南陽（今屬河南）人，生於唐
> 中宗景龍三年（公元七〇九年），玄宗開元進士，歷清和、真源二
> 縣令官拜御史中丞，身高七尺餘，鬚髯若神，尤擅兵法，文武全
> 才，天寶十五年，安祿山叛亂，奉守睢陽與太守許遠共禦頑賊，將
> 士六千，敵勢十三萬大軍，曾一日出戰二十次仍奮勇不衰，賊兵望
> 之生畏。妾林氏「申國夫人」，慈賢節義，助夫盡忠，睢陽抗賊，
> 固守日久援兵不至，終糧盡，雀鼠俱經食絕，孤城睢陽進陷，賊猶

圖 4-5　飛鳳宮宏偉的建築與金爐

圖 4-6　飛鳳宮主神保儀尊王

勸降俱不屈，正氣凜然，以致齒碎，即宋文天祥賦正氣歌所誌「張
睢陽齒」，唐蕭宗（筆者按：應為「肅宗」，後亦同）至德二年（公元
七五七年）十月初九，時年四十九歲；同赴難者許遠、南霽雲、雷萬
春等三十六將士；蕭宗追封為揚州大都督，賜封英濟王，後人景仰
張巡忠義不屈，遂立祠奉祀，尊稱都天大帝、張千歲、武安尊王、
保儀尊王等。玉皇上帝敕封為北巡代天巡狩，濟世救民神蹟顯赫，
忠勇節義，受萬民所景仰。

這段文字對張巡的生平、忠勇事蹟及其死後的崇祀等，皆有詳細的描
寫，雖未必盡合於史實，但也可看見廟方有意彰顯張巡忠義成神的文化正
統性，及獲皇（玉）帝賜封的政治正統性。

飛鳳宮廟方在新廟建成之前，多以「張府尊王」稱呼主神，今則正名為
「保儀尊王」，並在正殿上方牆面書有張巡〈守睢陽詩〉兩首，及清代蔣士
銓、謝桂芬讚頌張巡死守睢陽的詩作。再者，該廟在遷村前即有供奉張巡
夫人，但僅有一尊小神像，稱之為「尊王公媽」；新廟建成後，則重新製作

一尊大型的鎮殿神像，奉祀於保儀尊王之右邊，並改稱為「申國夫人」，以示其「慈賢節義，助夫盡忠」而為王朝賜封的正統性。在保儀尊王左邊所奉祀的李府千歲，遷村前並未見其身分來歷，今廟方則強調祂是與張巡同時代、曾輔佐四朝天子的宰相李泌。此外，在新廟前的石階下，尚增設兩座南霽雲、賈賁的雕像，兩人皆是與張巡並肩抗賊而不幸陣亡的英勇將士，也可更加突顯保儀尊王信仰的歷史性與正統性。

除了在奉祀神明上，刻意增加保儀尊王的信仰元素外，飛鳳宮也以較開放的態度，與其他保儀尊王廟宇建立交陪關係，包括臺北的景美集應廟、木柵忠順廟、三重護山宮、新店集應宮等，另也與松山慈祐宮、基隆玄豐宮等北部廟宇有所往來。廟方表示這些宮廟多為主動前來參訪，該廟也樂於與它們交流互動。相對的，廟方似有意淡化與臺南市南廠尊王公壇的關係，受訪人員即表示尊王公壇是拜「武安尊王」，與該廟的「保儀尊王」有異。廟方這種微妙的態度，或許是出於想擺脫該廟由尊王公壇分香而來的說法，但也展現其朝正統的保儀尊王廟轉型的企圖心。民國105年（2016）4月底，飛鳳宮舉行遷村後首次的北部保儀尊王聯誼會之旅，特別遠赴基隆、臺北參訪這些新的交陪宮廟，但也仍到臺南大天后宮、南廠尊王公壇參香，顯示該廟既維持又擴展交陪網絡的用心。

圖 4-7　飛鳳宮陪祀申國夫人

圖 4-8　飛鳳宮前的南霽雲
　　　　將軍雕像

　　飛鳳宮的列冊信徒有上千人，再從中選出 60 多位委員，組成管理委員會。雖然每兩年仍會讓信徒擲筊選出爐主，但爐主僅在例行祭典擔任主祭人，並準備供品，重要活動仍由管理委員會來執行。委員會所討論的公事，尚須請神明做最後裁決，由一半以上的委員出席，主任委員在神前擲筊，須有三次聖筊才能定案。該廟廟埕設置南霽雲、賈賁的雕像，以及請郭常喜製作兵器，皆經此擲筊程序決定。

　　遷村後有不少中生代加入管理委員會，他們較重視歷史與文化的傳承，也為該廟的經營帶來新的氣象。例如前述舊廟的保儀尊王神像，因搬遷不易而欲放棄，但在這些委員的堅持下，也獲得主任委員的支持，終使這項文物得以保存。另該廟在民國 102 年（2013）5 月 31 日至 6 月 2 日舉行三朝禮斗清醮，距上次建醮已相隔 50 年，也是紅毛港廟宇遷村後的首次建醮。除固定的醮祭科儀外，廟方還在廟埕播放六天的「薪火相傳」系列影片，藉由紅毛港半世紀的上萬張相片及訪談，讓信眾重溫昔日故鄉的生活點滴及歷史變遷。這些影片是由任職中鋼的攝影家楊順發所製作，他雖非紅毛港居民，但長期在當地做田野調查與影像記錄，而被飛鳳宮延攬擔任攝影組長的職務。此次建醮會播放紅毛港的文化影片，也是委員們討論出來的，目的即在喚起信眾對紅毛港的歷史記憶與文化傳承。工務組長林坤榮表示，未來還考慮請楊順發將該廟二樓會議室規劃成文物館，展示這些老照片及舊有的文物，如林少貓所贈的神轎等，以進一步保存紅毛港的文化。他也認為今紅毛港文化園區著重於觀光目的，對於當地文化的保存並不多，個人也未曾回去參觀過。

　　雖然飛鳳宮的經營理念已較以往開放，也重視信仰的正統性、歷史性與文化性，但並不會因此而設計一些吸引香客的特殊活動。目前該廟仍維持傳統的祭典活動，農曆 4 月 24 日保儀尊王聖誕，除非神明有特別指示，才會有外地參香等特別活動，一般都是連演兩天大戲，並請道長主持祝壽儀式，今雖已不收丁口錢，但仍會宣讀各戶的丁數，晚上則會舉辦平安宴，席開近百桌，宴請信眾及友宮人員。民國 105 年（2016）保儀尊王特別指示在聖誕前一天，由申國夫人坐四輦轎為信眾消災祈福、進錢補運。

每年農曆 7 月 16 日舉行中元普度，請道長主持普度儀式，供品約有 3 百多桌。與以往不同是，保儀尊王聖誕會同時發放米、油救濟貧民，部分普度供品則會轉送孤兒院，顯示該廟也開始投入社會公益事業。春節並無特殊活動，僅請獅陣來熱鬧一番，信徒則可於初二來擲筊請神明回家奉祀一年。廟方表示並不會像其他廟宇舉辦求發財金、擲筊比賽或摸彩等活動，藉以帶動人氣與捐款，因為所增加的收入仍來自自身的信徒，並無太大的意義。

今來飛鳳宮參拜的信徒，仍以原紅毛港的居民為主，附近的住戶也會過來拜拜，還有一些是主動前來的外地信徒。該廟並無問事服務，由信徒自行擲筊請示神意，廟內有靈籤而無藥籤。另有點光明燈服務，加上信徒的樂捐，及每月賣金紙約 4、5 萬元的收入，即可應付廟內的例行開銷。今該廟已設有專屬的臉書（FB）網站，熱心的信徒會將其有關資訊上網發布，因此也會吸引新聞媒體前來採訪，有助於該廟知名度的提升。

五、濟天宮

遷村前的濟天宮稱為「姓李仔廟」，主祀神明為保儀尊王，當地人稱為「尊王公」，根據今該廟創建沿革碑文記載其香火緣起，曰：

> 清光緒年間，本宮先民出海捕漁自府城南廠北頭角尊王公壇奉請金
> 身恭奉，常祈求平安漁獲豐收滿載而歸，相當靈驗，早先築以草寮
> 供奉尊王公，嗣經村民合資興建土瓦廟宇供奉尊王公，復由李楊
> 兩姓共同創建石砌廟合祀恭奉，經因李家開基高曾祖父李遠娶吳家
> 高曾祖母吳氏佳娘，由於李家子孫繁衍，信徒隨之大增，需分立恭
> 奉，爾經本庄李姓耆老擲筊獲得香爐，遂建姓李仔廟「濟天宮」。

這間最早創建供奉尊王公的廟宇即是飛鳳宮，故一般說法是濟天宮乃由飛鳳宮所分出。不過，濟天宮主委李義三認為此說並不恰當，他指出最初是由李、楊兩姓先民同至臺南南廠北頭角尊王公壇迎請保儀尊王來此地奉祀，後因兩姓意見不合，楊姓分得金身，李姓分得香爐，另建濟天宮奉祀之。因此，該廟與飛鳳宮的保儀尊王皆自南廠尊王公壇分靈而來，而非

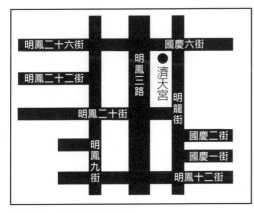

圖 5-1　濟天宮位置圖

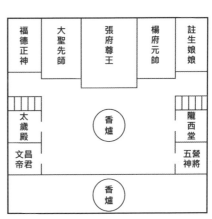

圖 5-2　濟天宮正殿配置圖

飛鳳宮所言乃因保儀尊王附身孩童之土偶而來，這從兩廟早年都會固定回南廠尊王公壇進香，即可得到證明。[1]

遷村前濟天宮共有四次整建，最初建於靠外海的空地上，最初以茅草搭建，因過於簡陋，後又建成覆瓦的屋頂。[2]不過，此一廟址後來消失在海中，民國 62 年（1973）5 月在海豐里海汕四路 50 號重建兩層樓的廟宇，民國 65 年（1976）12 月竣工落成，此為是該廟在此地的第二次翻修，也是遷村前最後的樣貌。今該廟尚保存有這次重建捐款名錄的碑文，大致分為本庄、漁船、外客、外客漁船等四類，其中本庄與外客大多姓李，顯示其鮮明的血緣色彩；而許多人以漁船及船長名義捐款，也表現出當地漁村的特色。此次重建將廟宇設在二樓，一樓則做為市場，這也是當地最重要的傳統市場，市場攤位的租金成為該廟主要的經濟來源，故也不用再向信眾收取丁錢。雖然未收丁錢，但每逢神誕祭典仍會請法師唸出各戶的丁數，據李義三主委表示該廟約有 2,400 丁。

濟天宮鮮明的血緣性格，尚表現在與「李氏祖廟」的緊密關係。「李氏祖廟」設在該廟樓下西側，鄰近海汕國小處，其原為李氏開基祖李遠的墓址。李遠祖籍福建泉州府南安縣，康熙末年隨其三位兄長來臺。初受僱於紅毛港吳家當長工，後因吳家人單丁薄，無子嗣，只有一個女兒吳佳，故將李遠招贅為婿，並撥出部分土地給李遠，做為女兒的嫁妝。兩人婚後生下四個壯丁，分立四房，今李家人口已達 3 千多人，人丁旺盛。乾隆 17 年（1752）李遠辭世，享年五十七歲，安葬於濟天宮廟前西側，後人乃就地建為紀念墓亭，是為李家祖廟，亭內有李遠的開基史略，以及各種紀念匾額。[3]

在民國 65 年（1976）的重建中，濟天宮的廟名也出現變化。據李義三主委表示，當時是由他的父親李新發擔任主委，廟匾刻字匠師將「濟」字

1　此與飛鳳宮的說法有異，該廟表示基於同祀「尊王公」的情誼，才前往南廠尊王公壇參香，且每次出訪尚會到其他廟宇參拜，並非專程去尊王公壇進香。

2　洪雲濤，〈濟天宮〉，收於王賢德編，《高雄市寺廟文化專輯（一）道教部分》，頁210。

3　李億勳，《紅毛港文化故事》，頁 50-52、74

誤認是「齊」。他的父親十分厚道，不加以計較，所以「濟」、「齊」兩字並用。[4] 不過，在今該廟創建沿革碑文有載：

> 經建商許有意提「齊」字乃信眾齊心信仰之眾意，主任委員李新發暨委員會亦鑒於本宮供奉齊天大聖神威之聖號，遂向鎮殿諸神尊請示同意獲得 12 個聖筊後更名為「齊天宮」，後因民國 78 年（1989）紅毛港遷村補助款申請須設定登記有案之廟名方可申領，遂由主任委員李義三更正為「紅毛港濟天宮」。

顯然這才是「濟天宮」改成「齊天宮」，後又改回「濟天宮」的原因所在。

濟天宮主祀張府尊王（保儀尊王），據李義三主委表示，因當地漁民到臺南一帶捕魚，而從南廠北頭角尊王公壇分靈神明回來祭拜，原來僅知其為「尊王公」，後來再去該廟進香，才知其真正身分為唐代死守睢陽城的名臣張巡。另外，同祀二郎神楊戩（又稱楊府元帥、四元帥祖）及大聖祖（又稱大聖先師、齊天大聖），均自高雄彌陀區大山齊天宮分靈而來；陪祀李天王（李靖大將軍），則分靈自臺南安平文朱殿。這兩廟也皆是沿海廟宇，顯然亦因捕魚機緣，而有此分靈之舉。日治時期，日本政府到處燒燬神像，濟天宮廟方以未開光神像佯裝，才保住張府尊王的原始金身。楊府元帥的神像曾被偷走，因其神靈還在，經請示同意後，才又幫祂雕塑金身。

圖 5-3　濟天宮主祀張府尊王
（保儀尊王）

遷村前的張府尊王有不少靈驗事蹟，如漁民出海捕魚，都會先請示神明，也常能滿載而歸；當地居民生病，也會祈求尊王公開藥方，據稱常在服用後痊癒。[5] 當時的廟公

4　謝龍田，〈紅毛港濟天宮明天遠境〉，《聯合報》C2 版，2004 年 11 月 20 日。

5　朱秀芳，《戀戀紅毛港──寺廟建築與信仰》，頁 35。

曾自述兩件顯靈事蹟，一是其嬸嬸的母親曾在五十歲左右得到胃癌，命在旦夕，尊王公託夢告知可在鳳鼻頭山找到草藥。然此山寸草不生，被稱為石頭山；但經她以斧鑿石，果然挖出兩條長如橡皮的藥草，吃了之後又多活二十幾年。二是二次大戰期間，他的小姑才三、四歲，當她正在海邊玩時，日軍突然襲擊此地，尊王公顯靈將她拖入廢桌子下，因而逃過一劫。[6]李義三主委則表示，楊府元帥與大聖先師藉由「四駕」供信眾問事，也有許多發揮，尤其在取藥草治病，頗為靈驗。早年林園苦苓腳庄有一水池，內有二龜作怪，每年總會有一男一女的小孩溺死。後來請楊府元帥與大聖先師前去處理，順利收服二龜，故當地也有一濟天宮分靈的私壇。

因配合政府的紅毛港遷村案，濟天宮於民國 96 年（2007）農曆 11 月26 日遷入前鎮區與鳳山區交界的臨時行宮，民國 98 年（2009）農曆 8 月 20日於現址高雄市前鎮區明鳳三路 220 號動土興建，民國 99 年（2010）8 月8 日上樑，民國 101 年（2012）農曆 4 月 23 上午 8 時上匾為「紅毛港濟天宮」，而於民國 102 年（2013）農曆 12 月 13 日順利完工落成，舉行揭匾儀式及開廟門、入火安座大典。翌日 12 月 14 日舉行贊普，12 月 18 日舉行盛大的平安福宴。李義三主委表示建廟總工程費為 8 千多萬元，政府的拆遷補償金約 7 千多萬元，不足數則仰賴信眾的捐輸；但由於紅毛港居民遷村後，大多需要貸款購屋，募款不易，故影響工程進度，成為六大公廟中最晚完工者。由此次捐款名錄的碑記來看，仍以李姓居多，但比例已較前次減少，且也無以漁船及船長名義捐款，這都顯示往昔鮮明的血緣性格與漁村色彩已有所改變。

圖 5-4　濟天宮新廟落成開廟門

6　洪雲濤，〈濟天宮〉，收於王賢德編，《高雄市寺廟文化專輯（一）道教部分》，頁210-211。

新建的濟天宮佔地 656 坪，建地 313 坪，建築採用七門華南式，歇山燕尾建築，重簷疊瓦，兩側鐘鼓樓，金碧輝煌，脊上剪黏製作生動活潑，富麗堂皇，氣勢萬千。正殿神龕採用柚木上材，以柚木雕刻前後殿網目，黏金彩畫生動，精工細雕。兩壁以張府尊王得道、受封、出巡保萬民經歷為主題雕刻彩畫，兩側樓梯口上楔左賦張府尊王詩頌，右側賦楊戩、大聖

圖 5-5　二十四節氣與二十八星宿的門神彩繪，頗為少見

祖、李靖等詩頌，弘揚其功勳德澤及佑民之神威。地坪鋪進口紅寶石，中庭四方設觀音石及羅元青斗石雙龍石柱，高十二點一尺，直徑二點二尺。門神以整塊檜木擂金油畫，有特殊之二十四節氣與二十八星宿，生動逼真。步口螺鼓，設乙對石獅、兩對麒麟當守衛士，尤其步口雙龍石柱高十三點五尺，直徑三點五尺。龍邊及虎邊各設有臺灣觀音石及羅元青斗石雙龍石柱高十三點五尺，直徑二點九尺，以三層精雕細琢，巧奪天工，上

圖 5-6　濟天宮華麗壯觀的廟貌

層雙龍戲珠之氣勢磅礡。前庭置炮金銅天公爐，前面增配雙虯龍莊嚴五帝通寶。廟庭兩側置立雄偉石獅身高九點三尺為守衛，廟前廣場右側設八角環保金爐，上有羅元石浮雕彩畫，益加雄偉增輝。整體建築巍峨堂皇，莊嚴神聖，堪稱是華麗壯觀之大廟。

圖 5-7　濟天宮的五營將軍殿

另在廟內空間配置上，龍邊增加五營將軍殿，供奉 10 個五營頭及 5 支五營旗，代表內外五營，為遷村後紅毛港寺廟所獨有的。另設有「隴西堂」，供奉李家開基祖遠公牌位，並有其功勳史記的碑文，除記載生平事蹟外，尚說明設置之緣由，曰：

圖 5-8　濟天宮內設有李氏宗祠「隴西堂」

自開基高曾祖父傳衍迄今已有三百一十七年餘，人人稱道，子孫昌盛，人才輩出，代代興旺，紅毛港遷村濟天宮新建落成之際，遂經濟天宮神尊張府尊王擲杯及管理委員會同意通過，經李家開基祖遠公祖龕及骨灰恭奉於本宮左側宗祠，為後代子孫億萬年崇祀紀念，慎終追遠，弘揚其功勳與精神，承先啟後，源遠流長，繁衍傳承於世世代代。

這也是唯一將宗祠設在廟內的紅毛港廟宇，顯示雖然已經遷村，李姓子弟也散居各地，但濟天宮的血緣色彩並未有太大的改變。今散居大寮、

林園、小港、大林蒲的李氏宗親，會在農曆 1 月 17 日回到宗祠祭祖，但人數已不復以往，大約僅有百人。虎邊則增設太歲殿與文昌殿，供奉太歲星君與文昌帝君，這也是一般廟宇常見的現象，因有助於增加信眾與香油收入。

李義三主委並指出，該廟尚有兩項較特殊的設計，一是中庭天井設有新穎的自動天窗，具有環保、通風、採光之功能。二是功德箱底座設有管路直通地下室，信眾捐款不會留於箱內，可避免被宵小竊取。這兩項設計出自李主委的巧思，他對於工藝設計製作頗為擅長，曾在民國 88 年（1999）義務協助紅毛港文化協會的「帆筏重現」計畫，帶領李文堂、李加再、李武等六名耆老，製作當地早年常見而今幾近失傳的竹製帆筏，他並負責桅座（函壇）、桅柱與帆篷等部分的施作，最後終於完成並下水航行，對於保存紅毛港漁村文化有重要的貢獻。不過，他在遷村後並不曾去過紅毛港文化園區，也認為其保存當地文化的功效有限。

日治昭和 13 年（1938）出生的李義三主委，雖七十九歲高齡，但仍為濟天宮的重建與發展，默默付出心力。他接續其父擔任主委一職已有 28 年，對於目前面臨的經營困境表示憂心。他表示信眾會捐錢建廟，但較不會贊助例行性的開支費用，尤其今紅毛港人散居各地，會主動回來添油香者也大減，以致造成經營上的困難。目前該廟一年的支出約 1 百多萬，主要靠信眾的香油錢與金紙的收入，僅能勉強打平；廟內雖也有設太歲燈、文昌燈、光明燈、財利燈等，供信眾點燈祈福，但點燈者至為有限，對經費的挹注不大。

雖然面臨經營上的困境，但李主委並不會想藉由舉辦熱鬧的廟會活動，或設計時下流行的宗教服務，來增加該廟的人氣與香油收入。他認為舉辦活動的效益不大，參加者仍以自身信徒為主，對外地信徒的吸引力有限。他舉當地某廟宇為例，花百萬元請知名的歌仔戲團來演出，但信眾只是來看戲，對於入廟拜拜及捐獻並無助益。至於類似借發財金的活動，廟方要先有一筆本錢，且貪財之人才會來借，他認為正面意義不大，並不需

要藉此來吸引信徒，一切順其自然即可。他相信神明自有能力解決財務的問題，自然會顯靈找信眾來捐獻，不必有太多人為的操作。

目前濟天宮主要活動是農曆 4 月 24 日張府尊王的聖誕，這天原紅毛港的居民大多會回來拜拜，廟方則會請歌仔戲班來連演兩天大戲，並舉辦平安宴來宴請信眾及友宮，但遷村後尚未有遶境活動，也有數年未回去祖廟進香。民國 105 年（2016）張府尊王的聖誕，該廟特別組團前往南廠北頭角尊王公壇、彌陀齊天宮、安平文朱殿謁祖進香，共計有 9 輛遊覽車的信眾參與，為近年來難得的盛況。另在農曆 7 月舉行中元普渡，每月 16 日則舉行犒軍，參加信眾大約數十人，各項祭典活動大體上與紅毛港時期無異，交陪宮廟也侷限在紅毛港的廟宇。該廟的信徒名冊也沿襲以往，由信徒代表選出管理委員 31 人，大多為中生代。今來該廟的信徒仍以紅毛港人居多，住在附近的居民也會過來拜拜，廟內並無問事服務，由信徒直接擲筊請示神意，據說靈籤頗為靈驗。雖然濟天宮的人氣稍顯寂寥，李義三主委也對該廟的經營略有憂心，但他仍相信神明自有安排，也會秉持奉獻服務之心，帶領該廟務實而穩健地走下去。

六、朝鳳寺

遷村前的朝鳳寺稱為「姓洪仔廟」，主祀神明為觀音佛祖，有關其香火緣起與建廟年代，今廟內的創建沿革碑文有載：

本寺溯自清朝乾隆丁丑年，即西元一七五七年建立，迄今已有二百五十多年歷史，當時境民發現海面漂流一塊異物，經打撈觀看，原是一尊觀音佛像，於是境民便恭迎回家，朝夕膜拜。嗣後觀音佛祖威靈顯赫，聖蹟頻傳，於是境民倡議建廟，當時因人民生活困苦，僅用竹子搭建簡單廟宇，直到民國六十三年，歲次甲寅年農曆三月，由洪氏族人發起興建新廟。西元一八九四年出版的《鳳山縣採訪冊》（筆者按：應為「采」訪冊），記載著朝鳳寺是紅毛港唯一的一座廟宇。

由這段碑文可知，朝鳳寺主神的香火緣起屬於海中撈起類型，這在臺灣的媽祖廟與王爺廟中頗為常見，[1]主要是與海神及王船信仰有關；紅毛港為一典型漁村，神明香火由海中撈撿者更為普遍，除該廟的觀音佛祖外，

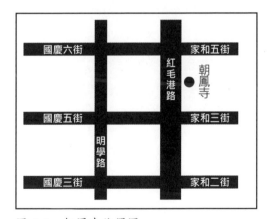

圖 6-1　朝鳳寺位置圖

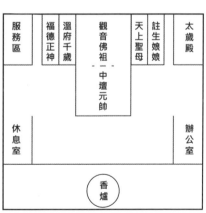

圖 6-2　朝鳳寺正殿配置圖

1　詳見林美容，〈媽祖信仰與地方社區—高雄縣媽祖廟的分析〉、〈高雄縣王爺廟分析：兼論王爺信仰的姓氏說〉兩文，皆收於氏著《祭祀圈與地方社會》，頁267-268、306。

飛鳳寺的主神廣澤尊王亦屬此類型，皆可見鮮明的海洋性格。碑文也特別強調朝鳳寺是唯一記載在清代臺灣方志中的紅毛港廟宇，根據光緒20年（1894）盧德嘉的《鳳山縣采訪冊》載觀音寺「一在海汕莊（鳳山），縣南十八里，屋二間（額「朝鳳寺」），光緒十六年洪溥募修。」[2]可見在光緒16年（1890）該廟曾由洪溥募款重修，則建廟年代當更早，碑文載為乾隆22年（1757）所建，當有一定的可信度，因乾隆29年（1764）王瑛曾編纂的《重修鳳山縣志》記載：「設寮牽罟，錯居海濱，萬丹、岐後、大林蒲三處魚利最多，牽網亦最夥。」[3]顯見當時介於岐後（旗後）、大林蒲之間的紅毛港，應已形成漁業發達的聚落，居民在此建廟當屬合理。

朝鳳寺建廟之初，是由「姓洪仔」、「姓蘇仔」、「姓張仔」三姓合祀，但以洪姓居民為主。後經擲筊由「姓蘇仔」另起一廟，由「姓蘇仔」、「姓張仔」兩姓共同祭祀，即今日之「朝天宮」。[4]今朝鳳寺留有一張民國39年（1950）的舊照，當時為簡陋狹隘的磚造平房式建築。民國63年（1974）農曆3月由洪氏族人發起興建新廟，建成一座二層樓的宏偉大廟，面積為

圖 6-3　1950 年朝鳳寺的廟貌

2　盧德嘉，《鳳山縣采訪冊》（臺北：臺灣銀行經濟研究室，1960 年），頁 171。

3　王瑛曾編纂，《重修鳳山縣志》（臺北：臺灣銀行經濟研究室，1961），頁 120。

4　李億勳，《紅毛港文化故事》，頁 77-78。

紅毛港廟宇中最大者，這也是遷村前最後的樣貌。今廟內亦留存有一塊當年重建委員與捐款者的碑記，所有的委員及捐款數前五名者，僅有一人姓陳，其餘皆姓洪，確實表現出「姓洪仔廟」的特色。

朝鳳寺這次的重建有不少特色，如廟門前正下方有一「九龍吐水」的御路，頗具氣勢，且其兩旁並無階梯，信眾須由廟體左右兩側的階梯進廟。兩側階梯旁各立有尾巴上翹的石獅，造型頗為特殊。廟頂三川脊的剪黏極為繁複，廟門龍虎堵皆是龍虎教子的泥塑，有傳承教化之意，亦頗具特色。[5] 該廟有完整的五營，範圍涵蓋濟天宮與朝天宮，是紅毛港廟宇中最早翻修、祭祀圈最廣，且空間吸引力最大者。[6] 據濟天宮主委李義三表示，朝鳳寺在遷村前的丁口數約有 6,000 丁，僅次於飛鳳宮。

遷村前朝鳳寺的主神為觀音佛祖、天上聖母（媽祖）並列，前者位在龍（大）邊，這也突顯臺灣民間香火最盛的兩位女神之密切關係。觀音佛祖的聖誕為農曆 2 月 19 日，天上聖母的聖誕為農曆 3 月 23 日，早年紅毛港居民捕魚維生，連續兩個月要忙神誕活動，負擔太重，也影響出海作業。後來經信眾向兩神擲筊請示同意，將神誕活動改為農曆 3 月 28 日統一辦理，此一慣例並延續至今。該廟的觀音佛祖與天上聖母在醫藥上頗為靈驗，據說當地村民如有發燒、肚子痛或身體不適，向廟裡神明祈求「金丹」，一吃就能奏效，也因此兩神的神像

圖 6-4　朝鳳寺主祀觀音佛祖

5　朱秀芳，《戀戀紅毛港──寺廟建築與信仰》，頁 40-41。
6　張守真、楊玉姿，《紅毛港的前世今生》，頁 107-108。

下方都有一個被刮過的小窟窿，就是信徒歷次向神明求取金丹所留下的痕跡。[7]

　　民國 96 年（2007）農曆 9 月 17 日，朝鳳寺廟方配合政府的遷村政策，舉行隆重的遷廟大典，將所有神尊搬遷至高雄縣鳳山市紅毛港路 90 號的臨時行宮奉祀。當天由洪啟宗主委率全體信眾跪地恭請眾神明，再於各陣頭的熱鬧表演下，由車隊恭送神明至新廟址。在各式的陣頭中，朝鳳寺信徒組成一支造型特殊，且需要近 20 人才能舞動的大型龍陣，它的龍頭及龍尾與一般無異，但龍身是由漁網做成，各節則由漁簍當骨架，將捕魚用具與龍陣結合，充分展現紅毛港的漁村特色，也成為當地最具代表性的陣頭。

圖 6-5　展現紅毛港漁村特色的朝鳳寺龍陣

　　搬遷後的朝鳳寺廟方隨即展開籌建新廟事宜，並於民國 97 年（2008）農曆 3 月 3 日午時正式動土興建。該廟各項工程採分包方式進行，異於一般由一家廠商統包，故能同步進行；加上該廟的兩邊皆是道路，施工較為方便，故能大幅縮短工期，而於民國 99 年（2010）農曆 12 月 2 日順利完工，並舉行安龍奠土、入火安座大典，高雄市長陳菊特別親往贈匾「民佑天應」匾額，祝賀此一遷村後最早落成啟用的紅毛港廟宇。建廟的總工程費約 1 億 7 千多萬元，除一部分是政府的拆遷補償金外，大部分是來自信眾的熱心捐款。根據廟內的捐款名錄碑記顯示，有八成以上的捐款人皆姓洪，尤其主要大筆捐款也都來自洪姓宗親，顯示「姓洪仔廟」的色彩並未改變。

7　朱秀芳，《戀戀紅毛港──寺廟建築與信仰》，頁 43。

　　新建的朝鳳寺建地約 300 多坪，為莊嚴宏偉的五門大廟，需從廟埕踏上約二十級階梯才能到達廟門，居高臨下，頗具氣勢。正殿金碧輝煌，雕樑畫棟，彩繪細膩，有一般宮廟的華麗感；但主神神龕延伸至廟門，左右各有五根素樸的灰色石柱，上刻有金色楹聯，異於一般常見的龍柱，又頗有佛寺的莊嚴之感，這或許與其主神為觀音佛祖有關。地面一樓空間宴會餐廳，提供一般民眾租借，每場活動場地費 7 千 5 百元，桌椅、放投影機、司儀及點歌費用另計，對該廟的經濟收入亦有所助益。廟埕外圍牆以石雕壁畫組成，內容皆在呈現舊時的漁村景觀及算蝦苗、捕魚網、舞龍陣等漁民生活，顯示其保存紅毛港文化的用心。

　　遷村後朝鳳寺最大的改變，是將福德祠納入廟內供奉。根據該廟的沿革碑文記載：

> 福德祠是道光元年，西元一八二一年由海底石頭形成，民國六十八年三月由洪氏族人發起重建，是紅毛港地區唯一土地公廟。今因配合政府遷村案，朝鳳寺與福德祠二間寺廟合併興建。

圖 6-6　朝鳳寺壯闊華麗的建築

圖 6-7　朝鳳寺圍牆的石雕壁畫，呈現紅毛港的漁村文化

　　遷村前福德祠位在海汕四路 209 號，與位在海汕四路 203 號的朝鳳寺相鄰，且管理委員與長老也皆為洪姓宗親，故兩廟的關係甚為密切。遷村後兩廟為節省工程經費，在請示雙方神明同意下，將福德祠的福德正神奉祀於朝鳳寺正殿虎邊神龕中，並於民國 100 年（2011）8 月成立「紅毛港朝鳳寺暨福德祠管理委員會」，正式將兩廟合併。類似情形也發生在飛鳳寺與管府廟，皆是遷村前即是相鄰廟宇，遷村後為節省經費而合併。另外，朝鳳寺雖是「姓洪仔廟」，在該廟附近也有個洪氏宗親會與洪氏佛祖廟，但兩者間並無關聯；該廟某委員即認為地方公廟與家姓宗祠應有所區隔，不能相混淆。

　　除了增加奉祀福德正神外，新建的朝鳳寺也將觀音佛祖單獨奉祀在中央的神龕中，再於神龕左右兩邊分別奉祀天上聖母、溫府千歲，異於遷村前將觀音佛祖與同祀天上聖母於中央神龕中。此一改變顯然是在突顯該廟的主神為觀音佛祖，另也在與由該廟分出媽祖香火的朝天宮做出區隔，廟方人員即強調其奉祀的媽祖稱「天上聖母」，與朝天宮的「媽祖婆」不同。此外，該廟在遷村前有完整的外五營，今僅剩內五營，以五營旗代表之。

　　現今朝鳳寺仍維持在農曆 3 月 28 日統一辦理觀音佛祖與天上聖母的聖誕活動，通常會舉行消災祈福法會，也會請戲班演大戲酬神。每四年會擴大舉辦神誕活動，前往高雄大崗山超峰寺、大社三奶壇碧雲宮、左營城隍廟、臺南北門南鯤鯓代天府、雲林北港朝天宮等廟進香或會香，返回後再舉行盛大的遶境活動及平安宴。各陪祀神明聖誕則有演戲酬神及誦經消災

祈福。農曆 7 月 15 日舉行中元普渡，請道長主持法會，參加信眾每人交 1 千元，由廟方代為準備供品普渡。農曆正月初一至初四有鑽轎底活動；正月 15 日元宵節則舉辦乞龜活動；農曆每月 16 日犒軍，晚上舉辦平安宴，約有 12 桌。

圖 6-8　朝鳳寺神聖莊嚴的正殿

　　朝鳳寺的信徒名冊約有 2 百多人，大多為洪姓宗親，管理委員會也多延續紅毛港時期的成員。農曆 3 月 28 日神誕後，由廟方依信徒名冊擲筊選出爐主，負責例行性的祭祀活動。現任主任委員洪啟宗為漁船公司老闆，但對於廟務頗為熱心，自民國 73 年（1984）起擔任副主任委員，民國 89 年（2000）開始擔任主任委員，出錢出力，無私奉獻，是該廟能在短短兩年新建落成的重要功臣。在他的領導之下，管理委員會的組織運作健全，每三個月定期開會一次，也因此贏得信眾的信任，願意慷慨解囊支持該廟。

　　朝鳳寺在遷村前即無收丁錢，祭祀費用與例行性開支主要來自於信徒的樂捐。該廟洪丁 委員表示，紅毛港遷村前即有許多居民遷至他處，遷村時只有廟宇遷至此地，居民並未遷過來。雖然如此，紅毛港鄉親對這些

廟宇仍具有向心力，有重要祭典都會回來拜拜，也願意捐錢支持廟務。目前該廟並無問事服務，由信徒自行擲筊抽籤請示神意，廟內設有靈籤與藥籤。該廟除保有原來的金龍陣與開路鼓，遷村後也增加志工團、誦經團與聖樂團，成員不限於原紅毛港居民。另廟內附設有朝鳳長春協會，理監事大多為該廟管理委員，主要辦理老人聯誼活動，藉以維繫紅毛港鄉親的情感。對於設立在高雄港第二港口的紅毛港文化園區，洪委員認為屬於紅毛港的文物太少，難以喚起鄉親對此地的認同與情感。

整體而言，朝鳳寺的經營較為保守低調，並不會為吸引信眾或增加知名度，而舉辦大型的廟會活動，也少有媒體報導。該廟除提供點光明燈、安太歲的服務外，近兩年來也在過年時舉辦求發財金的活動，每人可向神明「借」發財金6百元；不過廟方表示來借的人不多，效益並不大。主要的交陪廟仍以紅毛港的廟宇為主，上述四年一度進香或會香的廟宇也都有所往來，廟內即掛有這些廟宇致贈的匾額及北港朝天宮所贈的小型媽祖聖像。廟方相信只要信徒對朝鳳宮及其神明有感應與感情，自然就會時常回來，不必浪費人力、財力去辦些熱鬧活動，一切順其自然即可。

七、朝天宮

朝天宮主神「天上聖母」媽祖，相傳乃清乾隆 10 年（1745）由先民迎請來臺，最初供奉在紅毛港「姓洪仔廟」朝鳳寺內，信徒涵蓋洪、蘇、張等姓居民。迄至光緒年間（1895-1908），因人口逐漸增加，為方便祭祀，蘇姓居民乃擲筊分請天上聖母，與張、鍾、陳等姓居民另建「姓蘇仔廟」朝天宮祀之。建廟之初因經濟困難，僅搭建簡陋草寮，後來方改建石廟。根據日治昭和 13 年（1938）曾景來《臺灣宗教與迷信陋習》記載，當時該廟位在鳳山郡小港庄紅毛港 212 番地。[1]

民國 53 年（1964）因廟地狹小，由信徒發起於原址北邊重建新廟。民國 56 年（1967）因政府開闢高雄港第二港口，該廟再遷移至海城里海汕五路 132 號重建，民國 61 年（1972）完工，民國 75 年（1986）又增建牌樓，這也是遷村前的最後樣貌。該廟的祭祀圈原涵蓋海城里 2 至 10 鄰，10 鄰本為「姓張仔」所居，因開闢高雄港第二港口，此地居民遷至對岸的小港沿海新村安置，由於祭拜須乘船往來甚為不便，故在當地另建分靈廟臨鳳宮，

圖 7-1　朝天宮位置圖

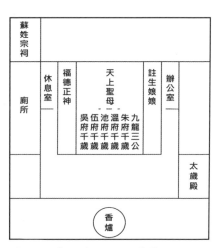

圖 7-2　朝天宮正殿配置圖

1　曾景來，《臺湾宗教と迷信陋習》〔臺北：南天書局有限公司，1995（1939）年〕，頁 410。

每當朝天宮有重要祭典，也都會回祖廟參與。遷村前該廟的丁口數約有 3,000 丁，信眾以蘇姓為主，另有少部分的張、洪、陳、鍾、吳等姓居民。

朝天宮主祀媽祖，陪祀九龍三公、池府千歲、五府千歲、溫府千歲、吳府千歲、註生娘娘、福德正神等。根據主任委員蘇石盾表示，該廟的開基神明是九龍三公，祂的神像漂流至海邊，由信徒撿起供奉，據說來自於金門。早年該廟以輦轎問事，都是由九龍三公降駕，後來才讓大位給媽祖。該廟的媽祖有大媽、二媽、三媽等三尊，其中小尊的二媽是開基媽祖，大媽、三媽則皆由北港朝天宮分香而來，據說黑面三媽原是北港朝天宮的三媽，該廟去進香時跟著回來，即留在此地供奉。

朝天宮的媽祖有許多靈驗傳說，有信徒表示，民國 3、40 年代（1940-1950 年代）家中有人發燒，都會到廟裡求媽祖，在金身下方摳一點粉末，再摻水喝下，病就好了。所以現在金身下方有一窟窿。[2] 此外，早年該廟請戲班在廟前唱戲，另一廟派人暗中來盜走唱戲工具，在運走時因媽祖顯靈，盜徒均暈倒在地上，嗣後人口相傳，香火益發鼎盛。[3] 另有一洪姓信徒表示，在她小時候，也就是二次大戰期間，美軍飛機不停的掃射、轟炸紅毛港地區，有人看見一位白衣姑娘拉起裙子，空中接子彈，保佑大家的安全。那時，大家在驚慌中度日，請示神明是否逃離家園，媽祖告知：「不必遠走，戰爭很快結束！」果然過沒幾個月，戰爭就結束了。[4]

圖 7-3　朝天宮主祀天上聖母

2　朱秀芳，《戀戀紅毛港──寺廟建築與信仰》，頁 51。

3　李億勳，《紅毛港文化故事》，頁 78。

4　朱秀芳，《戀戀紅毛港──寺廟建築與信仰》，頁 51。

民國 96 年（2007）11 月 17 日，朝天宮因配合政府的紅毛港遷村計畫，舉行盛大的遷廟儀式。當天由管理委員會諸位長老焚香膜拜，敬告諸神，祈求遷廟過程平安。隨後將眾神金身以接力方式，一尊尊經由香爐上方傳出，再迎請至鑾轎內。接著以紅布將香爐封住，再以敕符黃紙封條貼於紅布上，連同神轎以起重機吊上卡車。在各式熱鬧陣頭的引導下，眾神像、鑾轎與香爐運送至高雄前鎮與鳳山交界的中安路重劃區，管理委員會各委員及信眾跪地迎駕，將神像恭請進入以鐵屋搭蓋的臨時行宮中安座，才結束此次的遷廟儀式。

朝天宮的總工程經費約為 1 億 2 千 5 百萬元，除政府的拆遷補償金 4 千多萬元外，其餘約 8 千萬元皆對外募款而來。在募款建廟過程中，也出現不少神奇事蹟。該廟副主委鍾明榮即舉出幾個例子，如本來考量經費問題，新廟原計劃興建 150 坪的規模，但媽祖卻指示要建 280 坪，並表示祂自己會「發揮」來解決經費問題。果然廟體才剛完成粗胚，神龕處即浮現出媽祖的形象，經媒體廣為報導，吸引許多信眾前來捐款。又如有一屏東長治鄉的婦人，與該廟並無淵源，但經過時忽然有所感應，即主動進廟捐兩隻石獅共 2 百萬元。另有一陌生老人來到廟內，到處看看後並無表示，但回去後馬上寄來一張贊助建廟的 50 萬元支票。又有一從板橋來高雄凹仔底定居的婦人，因對媽祖有所感應，一路找尋該廟，本來開車過去，又立刻折返。入廟後先捐 2 千多元，下次再來又捐了 5 萬元。

除了媽祖的神蹟帶動信眾的捐款外，今年已七十高齡的蘇石盾主委，也是朝天宮能順利建廟的重要功臣。他自年輕「跑船」開始，即親身感受到媽祖的許多神蹟，認為「媽祖興到會吃糕仔！」他的父親早年即參與朝天宮的廟務，他也追隨父親的腳步，擔任該廟的委員。民國 96 年（2007）在遷廟的前夕，原任主委忽然去世，他認為這是媽祖交付給他的責任，義不容辭地接下主委的職務，積極展開遷廟及籌建新廟的工作。他專職擔任主委一職，除透過人脈努力向外募款外，自身也捐出「養老本」1 千萬元，帶動委員與信眾的認捐。他認為人應該感恩圖報，不可以「船過水無痕」，媽祖除了保佑他事業成功外，也照顧他的家庭，三個兒子都頗有成就，有一個

博士、兩個碩士，三個兒媳婦也都從事教育工作，家庭幸福美滿，子孫滿堂，這些都歸功於媽祖的庇佑，因此願意全心投入廟務，為媽祖服務，也為自己留下好名聲。

在蘇主委的帶動之下，有一些信眾組成志工，透過各種方式來為建廟募款。例如有些女性志工組成「十五圓蒸粿組」，每個週日早上在建廟工地鐵棚下製粿，有人幫忙分漿、秤重，有的專司包餡、蓋紅龜印，或放上黃槿葉，再送入蒸籠，大家忙得不亦樂乎。蒸粿組組長謝春意表示：「十五圓代表農曆十五月團圓，紅龜粿吃了活百二，給大家賺大錢（臺語）。」從成立 3 年以來，她們做的「朝天粿」已賣出逾十萬個，所得皆投入建廟經費；[5] 在該廟牌樓捐獻芳名錄中，即刻有炊粿義工捐款 76 萬元。另有志工作回收，也積少成多，捐出 26 萬元，顯見信眾對朝天宮的護持與熱情。

朝天宮的新建工程由業者謝文益承攬，他在年輕時即接觸建廟工藝，從木雕、泥塑到學畫設計圖，苦學出師，30 多年來承建上百間廟宇，此次

圖 7-4　朝天宮金碧輝煌的正殿神龕

在數家廠商的競標下，由廟方擲筊選出他來承攬工程。他抱持著善心蓋廟，都是先做再說，有錢再付，甚至有部分支出都自行吸收。[6] 例如朝天宮建廟經費本即短缺，且物價上漲，尤其貼在神龕、木雕上的金箔紙更上漲近一倍，該廟用到約 2 百萬張金箔紙，經費支出即增加

5　謝龍田，〈炊粿蓋廟婆媽籌錢〉，《聯合報》A5 版，2011 年 3 月 7 日。

6　謝龍田，〈替人神圓心願，媽祖欽點，謝文益蓋百廟〉，《聯合報》B2 版，2010 年 4 月 13 日。

2 百多萬元，造成廟方沉重的負擔。所幸這筆增加的支出，由謝文益悉數吸收，[7] 解決建廟經費的燃眉之急，也成就金碧輝煌的正殿神龕。在朝天宮的重建捐獻方名錄中，謝文益捐款 1 百 70 萬，僅次於蘇石盾主委，顯見他對該廟的用心與情感，絕非僅是一般的承包廠商而已。

就在神助、自助與人助下，朝天宮終於以 5 年的時間，建成雄偉壯闊、莊嚴神聖的廟堂。民國 102 年（2013）1 月 12 日至 14 日舉行謝土安座典禮及慶成三朝祈安清醮，特別邀請雲林北港朝天宮、臺南下營茅港尾天后宮及旗津天后宮的媽祖來作客，蘇石盾主委表示三尊媽祖「神齡」加起來超過千年，紅毛港朝天宮媽祖也有 200 多年歷史，和三位貴客齊聚一堂是首見，堪稱是「媽祖界」的盛事。[8] 此外，廟方還請歌仔戲連演 8 天大戲酬神，19 日晚上則舉行平安宴，席開逾 5 百桌，宴請信眾及各友宮代表，共同見證該廟開啟新頁。

---

7 謝龍田，〈金箔漲價，建廟廠商「行善」吸收〉，《聯合報》B2 版，2011 年 8 月 22 日。
8 謝龍田，〈3 尊媽祖碰頭，慶朝天宮完工〉，《聯合報》B1 版，2013 年 1 月 7 日。

圖 7-5　朝天宮雄偉壯闊的廟貌

　　如由朝天宮的捐獻芳名碑文來看，蘇姓的比例並未特別突出，顯示遷村後的「姓蘇仔廟」已逐漸褪去血緣色彩，這也是該廟積極對外募款的成果。唯一仍表現出「姓蘇仔廟」的特色，是該廟後方有一堂號「武功」的蘇氏宗祠，內供奉有蘇家一至五房的祖先祿位。蘇氏宗祠也是配合紅毛港遷村，於民國102年（2013）4月7日新建落成，其管理委員會的會長蘇春生為朝天宮的常務理事，蘇石盾主委則為宗祠的副會長，仍可看見兩者的關連性。遷村後朝天宮的廟名仍保留「紅毛港」，但信徒範圍已擴展至鳳山中崙、前鎮桂林及高雄市三民區等地，有許多已非原紅毛港的居民。

圖 7-6　朝天宮後方的蘇氏宗祠

　　除了外地信徒增加外，朝天宮的交陪網絡也大為擴張。遷村前該廟因分香關係，而與北港朝天宮的往來較頻繁。遷村後除仍保持與北港朝天宮的密切互動外，也擴及到前來參與安座大典的茅港尾天后宮、旗津天后宮，以及高雄內門的順賢宮等。此外，臺中大甲鎮瀾宮、彰化鹿港天后宮、雲林西螺福興宮等廟，也積極邀請該廟參與各項活動，希望能建立友宮關係。民國102年（2013）9月16日「2013世界媽祖會北港」活動，北港朝天宮副董事長蔡輔雄、湄洲媽祖廟董事長林金榜及南非開普敦朝天宮董事長林志宏等人，帶領上百名信徒到紅毛港朝天宮參訪，該廟也率信眾鳴炮歡迎，並以蓮子白木耳湯饗賓，同時還準備3把古色古香的扇子，由蔡輔雄等人簽名，並送5錢重的金牌給湄洲媽祖廟；北港朝天宮也回贈一尊金身媽祖神像及錦旗，做為交流紀念。[9]這些都顯示遷村後的朝天宮已不

9　謝龍田，〈媽祖信徒聚北港，最遠南非來！〉，《聯合報》B2版，2013年9月17日。

再侷限於舊時紅毛港的封閉格局，而是以更開放的態度與國內其他宮廟交流，交陪網絡甚至擴及到大陸及海外，希望能藉此帶動該廟的香火，提升自身在媽祖信仰圈的能見度。

圖 7-7　北港朝天宮所贈「神昭海表」匾額，見證與紅毛港朝天宮的深厚情誼

今朝天宮仍維持在媽祖聖誕前夕，前往北港朝天宮進香的慣例。早年交通不便，該廟信徒都是帶著草蓆，步行兩天一夜前往進香；今則改以車輛代步，約 10 多輛遊覽車及 2 輛卡車，搭載信徒、陣頭與神轎，早上 6 點集合出發，途中至南鯤鯓代天府參拜，下午 2 點在北港朝天宮刈火後回駕。農曆 3 月 22 日、23 日分別為註生娘娘、媽祖聖誕，會接連熱鬧兩天，舉行祝壽儀式及演大戲酬神，廟方還會準備平安粿、壽麵及媽祖加持過的平安米與信眾分享；晚上則有近百桌的平安宴，宴請信徒及友宮代表。農曆 7 月 15 日舉行中元普度法會，信徒可自行準備供品，亦可繳錢由廟方代為準備，普渡供品約有 2 百多桌，也頗為熱鬧。

除例行性的祭典外，民國 103 年（2014）7 月底，高雄前鎮地區發生傷亡慘重的氣爆事件，8 月 4 日北港朝天宮舉辦梁皇寶懺消災拔渡大法會，位在災區旁的紅毛港朝天宮也前往參加，共同為災民祈福。[10] 民國 104 年（2015）1 月 11 日至 24 日，因紅毛港朝天宮遷入新廟滿三年，又鑑於前一年發生高雄氣爆、澎湖空難等不幸災難，特啟建甲午年科五朝祈安清醮，

10　蔡維斌，〈兩個朝天宮，共為港都祈福〉，《聯合報》B1 版，2014 年 8 月 5 日。

圖 7-8　朝天宮舉行「遷村首醮」

祈求上蒼賜福，庇佑臺灣。整起醮典在北港朝天宮蔡輔雄副董事長及高雄道德院住持三清太乙宗師的鼎力協助下，獲十方信眾及各友宮共襄盛舉，斗首計有 197 名，鑑醮神明達 260 尊之多，場面盛大莊嚴，「遷村首醮」圓滿成功。[11]

　　除熱鬧的神誕祭典與普度法會外，朝天宮在過年期間也舉辦應景而有創意的活動，藉此讓信徒有參與感，也可以帶動更多的人氣。民國 102 年（2013）配合新廟落成滿月，從大年初一至元宵節，提供擲筊競賽，每人每次報名費為 1 百元，連續擲出 5 個聖杯者可進入決賽，第一名可拿走 10 萬元創業金，且不用歸還。[12] 結果由在該廟當志工近 5 年的婦人陳彩茶獲得，她在總決賽連續擲出 6 個「聖杯」勝出，欣喜之餘也感謝媽祖、土地公保庇，希望此創業金能助她丈夫的生意興隆，好在朝天宮附近買房子，搬來做個更專業的志工。[13] 民國 103 年（2014）則舉辦「迎馬集富」賀新年活動，信眾只要添 2 百元香油錢即可參加擲筊，擲出最多「聖杯」者可獲得重 2 兩、價值 10 餘萬元的黃金馬，二、三名也可獲得大小不一的黃金馬。另有求錢母活動，隨喜功德即可在福德正神前擲筊，求取 1 元及 5 元硬幣各 1 枚的錢母，放在家裡器皿中聚財。此外，該廟還與紅毛港、五福、明正、南成及鳳翔等國小合辦彩繪花燈競賽，集結上千個花燈，在除夕到元宵節期間展示；另備有 1,688 臺斤的大龜王讓信眾乞龜。[14]

11　紅毛港朝天宮編，《紅毛港遷村首醮程序冊》（高雄：紅毛港朝天宮管理委員會，2015 年），頁 33-34。

12　謝龍田，〈送 10 萬創業金，擲筊試手氣〉，《聯合報》A6 版，2013 年 2 月 11 日。

13　謝龍田，〈做志工有保庇，婦擲筊獲 10 萬元〉，《聯合報》B2 版，2013 年 2 月 25 日。

14　謝龍田，〈飛鳳寺走平安橋，朝天宮拼黃金馬〉，《聯合報》B2 版，2014 年 1 月 28 日。

　　蘇石盾主委表示，這些活動都是媽祖給他的靈感，經管理委員會討論同意後辦理。例如 5 所國小的彩繪花燈活動，即由廟方主動找里長、校長洽談，結合寺廟、社區與學校共同辦理，學童來彩繪花燈，家長也會跟著來，自然就會帶動該廟的人氣。該廟如有重要的活動，有時也會利用宣傳車在小港、前鎮一帶放送消息，以吸引更多人前來參與。此外，該廟有兩位年輕的委員協助架設網站，透過網站發布重要活動訊息，效果極佳；許多媒體都是看到網站訊息，而主動前來採訪報導，更加提升該廟的知名度。

　　今朝天宮的信徒代表約有 140 名，乃民國 97 年（2008）遷村後所重新登記的，資格以繳丁口錢、犒軍、對該廟有重大貢獻者依序登記，其中以蘇姓最多，佔 40%，再依序為洪、陳、鍾等姓；居住地分布以高雄市小港區為主，佔 70.7%，再依序為前鎮、鳳山、旗津等地。[15] 整體而言，朝天宮的信徒代表仍以原紅毛港居民為主，雖然因遷村而散居各地，但仍對該廟具有信仰情感與向心力。不過，廟方表示並不排斥有新的信徒代表，只要固定來點光明燈、犒軍、繳交丁口錢，都可以來登記加入。

　　這些信徒代表選出管理委員會 25 名委員，再由委員選出正、副主任委員，每 4 年改選一次。在朝天宮遷建之初，有一委員曾質疑財務問題，甚至與蘇石盾主委對簿公堂；後來官司以不起訴處分，該委員也退出管理委員會，今組織運作更加健全，委員們都會輪流到廟內排班服務，以維持人氣。每年農曆 3 月 23 日媽祖聖誕，廟方會就信徒名冊一一擲筊，選出當年爐主。該廟雖無固定的陣頭，但仍有 38 位女性信徒組成「花擔團」，在媽祖聖誕為神明祝壽服務。另有 30 多名志工會固定來廟內清潔打掃，廟會活動也會前來協助，其中有原紅毛港的居民，也有住在附近新加入的信徒。

　　遷村後的朝天宮仍維持收丁錢的慣例，不過已無強制性，而是由信徒主動於媽祖聖誕或中元普渡回來繳交，每丁 1 百元，目前約有 1 百人，主要目的在維繫寺廟與信徒之間的關係。該廟除有內五營外，尚在廟外四個角落釘有石符，做為外五營。農曆每月 16 日舉行犒軍儀式，每名參加信徒

15　黃方泉，《紅毛港朝天宮祭祀活動變遷之探究》，頁 65-77。

繳 3 百元，由廟方準備祭品，晚上備有平安宴約八桌。廟內有點光明燈、安太歲的服務，另有十尊「紅毛港媽」金身可供信徒迎請分靈，每尊結緣金 1 萬 6 千元，今已被迎請一空。除此之外，平時賣金紙及信眾樂捐，也是該廟的重要經濟來源。

　　「香火旺盛，信徒滿天下」是蘇石盾主委的心願，他本著對媽祖的感恩之心，以其「討海人」的堅強意志及廣大人脈，積極對外開拓信徒及交陪網絡，也自許為媽祖的代言人，希望能努力帶動朝天宮的香火，讓更多人感受到媽祖的德澤。不過，蘇主委並未因此而躁進，他認為未來不宜衝得太快，一切仍要腳踏實地，順其自然，一步步穩健地發展。

八、天龍宮

天龍宮為遷村前紅毛港最晚成立的角頭廟，一般稱為「姓吳仔廟」。不過，根據今該廟內的沿革碑文記載：

> 天龍宮主祀神尊何府千歲，恭奉之初始於清朝光緒年間（約西元一八九二年），由高雄縣紅毛港當地九位村民「洪傑」、「吳吉」、「柯送」、「洪兜」、「洪賀」、「洪明」、「洪送」、「李盤」、「洪放」發起，迎請高雄縣小港鄉鳳林宮分靈至庄內供奉。

可見迎請香火的發起人以洪姓為主，僅有一名吳姓，顯然最初並非專屬吳姓的信仰。

紅毛港居民為何會到小港大林蒲鳳林宮分靈何府千歲，碑文並未載明原因，根據葉振輝在民國83年（1994）的調查，係因「大正元年（一九一二年）本地發生霍亂，何府千歲化身醫生，帶著公事包，替人治病，因而被人供奉。」[1]另根據天龍宮陳清萬委員表示，早年鳳林宮所在的大林蒲地區，與許多紅毛港居民有親戚關係，因聽聞該廟的何府千歲在醫藥上頗為

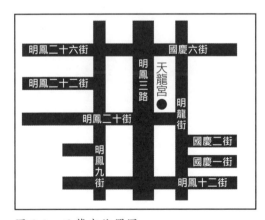

圖 8-1　天龍宮位置圖

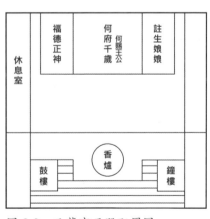

圖 8-2　天龍宮正殿配置圖

1　葉振輝，《紅毛港史蹟調查研究專輯》，頁 69。

靈驗，故特別分靈回來本地，供信眾請教問事。由此可推測天龍宮的香火緣起，乃因日治時期當地流行瘟疫，而自與紅毛港有血緣、地緣關係的大林蒲，分靈其信仰中心鳳林宮的何府千歲回來供奉，為信眾施藥治病、解決難題。不過，分靈的時間是碑文所稱的光緒 18 年（1892），或是調查所示的大正元年（1912），則尚待考證。另外，大林蒲鳳林宮主祀溫府、朱府、池府千歲，並未供奉何府千歲，天龍宮為何會從該廟分靈何府千歲，亦有待進一步的考察。

又根據今天龍宮內的沿革碑文記載：

> 早期天龍宮並無實體廟殿，最初暫供奉於民家，其供奉方式為庄內村民每年舉辦一次擲筊杯活動，由擲筊杯勝出者迎請至家裏供奉；至民國七十五年（西元一九八六年）經居民公議，由洪媽營老先生籌備初建天龍宮，座落於「紅毛港舊漁會邊」以紅瓦磚造建構而成，廟址坐西朝東，殿宇華麗雄偉。

由此可知，何府千歲被分靈回紅毛港後，初期並未建廟，而是以類似爐主輪祀的方式，每年輪流供奉在信徒的自宅內，直至民國 75 年（1986）方在紅毛港舊漁會旁正式建廟，廟址是海汕三路 20-3 號。

天龍宮為何會被稱為「姓吳仔廟」？根據吳連賞的研究指出，早年紅毛港的李、楊、吳三姓共同參拜「姓楊仔廟」飛鳳宮，後來李姓另闢濟天宮時，吳姓仍繼續拜祀飛鳳宮，至民國 78 年（1989）興建天龍宮，才將原屬飛鳳宮的海豐里 1 至 5 鄰的吳姓人家吸納過去。[2] 不過，如從今該廟所留存民國 77 年（1988）新建信徒樂捐芳名錄的碑文來看，吳姓、洪姓信徒最多，兩者不相上下，楊姓次之；另該碑上所載當時的管理委員，也幾乎為吳姓、洪姓平分，但主任委員為洪媽營，這些都顯示天龍宮的信徒與管理組織都並非以吳姓為主，稱為「姓吳仔廟」並不恰當。

2　吳連賞，〈紅毛港的聚落發展與社會變遷〉，頁 117。

　　天龍宮會被稱為「姓吳仔廟」的主要原因,乃緣於該廟位在吳姓聚落的旁邊,造成外界以為是吳姓角頭廟的印象。陳清萬委員表示,該廟在尚未建廟之前,輪祀的爐主即非全姓吳,當地人也不稱「姓吳仔廟」;為避免外界錯誤的印象,廟方稱廟址位置會說是在「紅毛港舊漁會邊」,而不說在「姓吳仔」聚落旁。另外,天龍宮旁並未設有吳姓宗祠,陳委員認為公廟應與宗祠分開,不宜混淆。

　　配合政府的遷村政策,天龍宮於民國97年(2008)9月遷移至現址,即高雄市前鎮區明鳳三路216號,並積極籌備建廟事宜,終於民國101年(2012)7月完工落成,正式啟用。這次建廟工程與購置廟埕土地共耗資約5千2百萬元,經費主要來自政府的拆遷補償金及該廟遷村前的存款,共計約4千萬元,其餘則仰賴信眾的捐款,主任委員吳榮捐款2百萬元居首,其他捐款人多為原紅毛港的居民,少數外地人則是靠主委個人人脈所帶進來的。此外,在該廟的捐款石碑上,也看到濟天宮主委李義三、飛鳳宮工務組長林坤榮的捐款,飛鳳寺主委洪明三更掛名為新建管理委員會的秘書,都可看出紅毛港各公廟相互支持的情誼。

　　新建的天龍宮為一兩層樓的宏偉建築,左鄰民宅,右鄰濟天宮,前有不小的廟埕,設有華麗的金爐及兩尊象徵祈求吉慶的石獅。一樓為辦公空

圖 8-3　天龍宮的廟貌,左方緊鄰濟天宮

間及貯藏室，保留有少數遷村前的廟內文物。二樓為正殿，廟內龍柱為青石圓柱，木石雕刻細緻，雄偉壯觀；神龕上方掛有前總統馬英九與前副總統吳敦義敬獻之「護國庇民」匾額，兩側牆面及楹柱上的油畫彩繪，畫工細膩，尤其一幅大型的「廣寒宮嫦娥奔月」，更是絲絲入扣，栩栩如生。正殿外左右兩側設立有龍鐘樓、鳳鼓樓，古典式建築風格，整體廟觀碧瓦朱甍、巍峨壯觀。

圖 8-4　天龍宮內「廣寒宮嫦娥奔月」壁畫

天龍宮正殿神龕主祀何府千歲，陪祀何賜王公，左右神龕分別陪祀註生娘娘、福德正神。主神何府千歲的金身，乃塑造成粉面、無鬚的斯文面容，異於一般常見黑臉威嚴的王爺造型，較為特殊。陪祀神何賜王公甚為罕見，其金身是特殊的藍臉造型，手執九節鞭，頗具勇武氣勢；據廟方表示祂是何府千歲請來當助手的，在遷村前即已供奉。何府千歲乃為解救當地的霍亂疫情而來，醫藥的職能也最被信徒所推崇。陳清萬委員表示，早年何府千歲的醫藥神蹟頗多，祂曾以「金丹」解救一垂死的居民，使其延續壽命多年，深獲其感恩崇拜；後來臨終之際，仍叮囑其女婿要繼續護持何府千歲。

圖 8-5　天龍宮正殿主祀何府千歲

圖 8-6　天龍宮金碧輝煌的正殿神龕

　　天龍宮在紅毛港未建廟前，曾有一名乩童；正式建廟後即不再設乩童，讓信眾自行擲筊抽籤問事，今廟內設有靈籤與藥籤的籤筒，但藥籤無籤詩。據陳清萬委員表示，該廟的靈籤頗為靈驗，早年他出海捕魚、買房子及轉業，都曾到廟裡擲筊抽籤，也都感受到神明的靈驗指示。廟方與信徒通常會以抽籤所得之籤頭故事來測知神意，例如他曾於出海捕魚前到廟內抽籤，所得籤頭故事為「李世民遊地府」，顯與地府鬼魂有關，乃準備供品祭拜孤魂野鬼，終能平安無事、滿載而歸。又如他考慮轉業而來抽籤，抽到籤頭故事為「白蛇精許漢文」，因不解其意，仍賣掉漁船，轉至公司上班；但僅上班兩年即離職，才想到籤詩故事中的白蛇精與許漢文無法結合，神明實已預告轉業終難有成。

　　遷村後天龍宮的年度行事，仍延續紅毛港時期的做法，每年兩次重要活動，一為農曆 8 月 12 日何府千歲與何賜王公聖誕，廟方會請戲班演戲酬神三天，費用由信眾樂捐贊助，這也是該廟最主要的支出。二是農曆 7 月 26 日中元普度，信眾會準備供品前來祭拜。該廟因經費拮据，較少會到外地刈香或會香，僅在新廟建成後，曾前往祖廟大林蒲鳳林宮進香過一次。遷村前該廟設有外五營，遷村後僅設有內五營，故亦很少舉辦遶境活動。惟民國 102 年（2013）3 月底，飛鳳寺赴大陸進香返回後的遶境，天龍宮特別花費 10 萬元，聘請陣頭參與助陣，這是因飛鳳寺的主委洪明三在未遷村前即有參與天龍宮的廟務，兩廟互動密切，故在重要活動都會相互支持。除了大林蒲、紅毛港的廟宇外，該廟甚少與其他廟宇交陪，早年曾有一分靈子廟會回來進香，但後來因乩童發生衝突，已不再往來。

　　遷村後的天龍宮將建廟捐款者皆列入信徒，約有 4 百人左右，由信徒選出管理委員會的委員 39 人，正副主任委員各 1 人，仍以洪、吳兩姓為主，每 4 年改選一次，由於委員必須出錢出力，大部分皆會連任。管理委員會另設有顧問 14 人、秘書 4 人、長老 15 人等，共同襄助廟務工作。該廟亦設有爐主 1 人，每年農曆 8 月 15 日擲筊選出，負責例行性的祭典，也要協助廟務工作，但不另設頭家。

　　目前天龍宮的信徒仍以原紅毛港居民為主，也有少數本地的居民。為增加廟宇的人氣與信眾的參與感，大年初一清晨 5 時 30 分會舉辦「搶頭香」活動，過年期間也會準備金牌與每份 6 百元的發財金，供一般民眾擲筊求取，來年再奉還。這些金牌與發財金，都是信徒發心贊助的，民眾反應還算熱烈，30 面金牌在年初四即被求取一空。

　　天龍宮的經濟來源主要靠信眾的捐助及賣金紙的收入，一年賣出的金紙約有 1,400 份，不收丁錢，雖有點光明燈，但參加的信徒並不多；犒軍與神明聖誕舉辦平安宴，參與者每人繳 5 百元，結餘費用也甚有限，無法為該廟增加收入。陳清萬委員表示，新廟建成之後，每年固定支出約 50 萬元，常處於虧損的狀態；雖然經營上略有困難，但並不會因此設計花招噱頭來吸引信徒。他認為只要神明靈驗，信徒自然會護持，像有位在附近開滷味店的鄉親，為聘請適合的員工，還特別來廟裡擲筊請示神意；而他擔任天龍宮的委員近 20 年，不僅出錢出力，甚至還在建廟後承擔起廟祝的工作，這些都說明許多紅毛港人對原鄉的寺廟與神明仍充滿認同情感，並不會因遷村而消失，反觀紅毛港文化園區雖在舊址，但鄉親的認同度並不高。

九、修善堂

修善堂早期為齋堂型態,並非屬紅毛港的角頭廟。臺灣民間稱齋堂為「菜堂」,林美容指出其由來:

> 原是在家人供佛吃齋的家庭式佛堂之稱呼,往昔由於齋教盛行,齋堂很多,一些「菜姑」、「菜媽」、「菜公」在那裡吃齋唸佛,遂用以衍稱佛教的寺院庵堂,只要有人在那裡吃齋唸佛,無論是在家、出家,皆稱為「菜堂」。[1]

不過,在家人主持的「菜堂」與出家人主持的佛堂,無論在信仰性質、祭典、組織上仍有明顯的不同,林氏將前者稱之為「民間佛教」,[2]修善堂即屬之。

根據林美容整理日治時期文獻資料與田野調查,統計出全臺齋堂共有382個,修善堂也列名其中。[3]有關修善堂的歷史沿革,遷村後該廟的碑文有載:

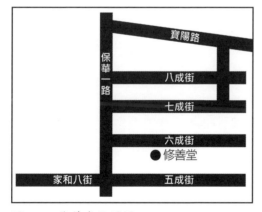

圖 9-1　修善堂位置圖

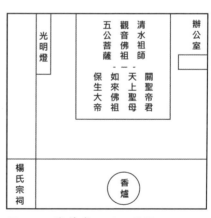

圖 9-2　修善堂正殿配置圖

1　林美容,《臺灣的齋堂與巖仔》,頁 18。

2　林美容,《臺灣的齋堂與巖仔》,頁 12。

3　林美容,《臺灣的齋堂與巖仔》,頁 18、42。

> 其歷史可溯至民初，當時茅茸草創於楊彩之私有地，座北朝南（位置一）。供奉開基觀音一尊。因威靈顯赫，信徒膜拜日眾，西元一九三三年由境內幾位仕紳通議重建，將簡陋之草茅小廟改建於堤防東側楊韮所捐之地，座西朝東（位置二）。咾咕石為牆、杉木為樑、瓦片為頂，建築雖有翹脊，但無剪黏裝飾，為深具樸素風格之十五坪廟堂。於正門口向外掛有「天臺山五公壇」牌匾。

這段碑文並未說明修善堂的香火緣起，但可確定的是最早為一私壇，因其供奉的觀音佛祖頗為靈驗，而由信眾捐地改建小廟，並命名為「天臺山五公壇」。此一廟名雖為後來的「修善堂」所取代，但今該廟正門上仍掛有「天臺山五公府」之門額，友宮贈匾亦稱之為「五公府修善堂」，顯示廟方對原始廟名的重視。

修善堂在日治後期也遭到日本政府的取締，導致廟內無神像的窘境，但卻也因此展現不可思議的神蹟，加深信眾對觀音佛祖的信仰情感。碑文有載：

> 二次世界大戰，日本政府極欲消滅臺灣民間信仰，逐於西元一九三九年規定燒化佛像，並強制將所有神明金身匯聚於大林埔鳳林宮集體焚燬，所幸開基觀音被熱心信徒暗藏於大衣中，輾轉被安奉至邦坑一戶人家中供奉。雖然堂內沒有神像，但境內信徒冥冥中仍受觀音佛祖保佑。當時美軍飛機不停掃射、轟炸紅毛港地區，據稱有人見觀音佛祖拉起道袍，於空中網接子彈，護佑大家安全等神蹟。

這類信徒搶救神像、神明接砲彈的傳說，幾乎在全臺各地皆聽聞，這不僅表現出民眾對神明的虔誠信仰，也構成臺灣人民對二次大戰的共同集體意識。

戰後有廟堂而無神像的修善堂，由信徒捐出觀音神像而香火重現，後來又經歷廟宇重建、開基神像失而復得的過程，碑文有載：

民國三十五年光復後，因堂中無神明，香火一度斷絕。是時吳楊裁
女士家中恰有一尊朝夕奉拜之觀音菩薩，遂效法佛祖慈悲之心，將
菩薩獻為公有，成為堂中的大佛祖。自此青燈啟續，道場重光。
民國四十三年強烈颱風來襲，本堂部份地基被海浪沖蝕流失。境內
眾信集資鳩工翻修，重建瓦、樑及增設亭仔腳。並於亭仔腳向外砌
「修善堂」匾額。自此本堂根據匾額為修善堂。當時的耆老習慣冬天
睡在修善堂內，獲開基觀音托夢表達復興之意；幾經訪查得知，開
基觀音奉於邦坑人家中。信徒遂重新雕塑金身一尊，以答謝其保管
之恩，原開基觀音則予奉還。爾後信徒崇仰益深，參拜者絡繹不絕。

　　民國43年（1954）重建的修善堂，廟址為海汕一路230之5號，面向
內海路，背倚外海路，座西南朝東北，這也是該廟遷村前的最後位置。從
目前修善堂一樓所展示遷村前紅毛港的空照圖來看，當時該廟位在楊姓聚
落內，周邊多為楊姓住戶，且鄰近飛鳳宮與楊氏宗祠，地緣關係密切，這
也是遷村後此三個廟祠比鄰而居的原因所在。這次的重建也確定「修善堂」
的廟名，其較符合一般齋堂的名稱，但廟方仍在門額上保留「天臺山五公
府」的舊名。

圖 9-3　遷村前紅毛港空照圖下的修善堂位置（紅色圓圈處）

　　為配合紅毛港遷村的政策，修善堂於民國 96 年（2007）11 月 22 日遷到鳳山區南成里六成街 125 號的現址，並展開籌建新廟的事宜。在主任委員楊明通帶領全體董監事及興建委員的奔走募捐下，敦請蕭國雄設計師策劃藍圖，於民國 97 年（2008）10 月 8 日動土興工建造。該廟楊啟億委員表示，當年在規劃廟體建築時，楊主委曾在工地夜宿一晚，夢中觀音佛祖帶他看廟，即是後來建成的廟貌。該廟的規劃圖也曾擲筊請示佛祖的意思，得到神明的同意才進行施工。

　　民國 98 年（2009）3 月 11 日修善堂的一樓建築完工，即先迎請諸神之金身入堂安座。民國 99 年（2010）底整體建築終告完工，於民國 100 年（2011）2 月 20 日舉行鎮殿列位神尊的開光典禮，2 月 22 日舉行謝土入火安座及開廟門大典，2 月 23 日傍晚舉行祀宴大典及平安宴，總共席開 6 百多桌，每桌費用約 5 千元，由信眾認捐 3 千元，其餘由廟方支出。另為慶祝新廟落成，特於民國 101 年（2012）3 月 10 日舉行二朝祈安福醮。

　　這次的建廟工程耗資 5 千多萬，政府補助的拆遷補償金約 1 千多萬，其餘皆由信徒發心樂捐。從該廟重建捐獻芳名錄的碑記來看，常務理事廖石玉捐款 1 百零 1 萬 3 千元，高居首位，其次是主任委員捐款 1 百萬元，其餘捐款人以楊姓居多，顯示該廟仍具有一定程度的血緣性格。此外，飛鳳宮主任委員陳金成捐款 10 萬元，濟天宮、飛鳳寺主任委員李義三、洪明三亦皆捐款 1 萬元，顯示紅毛港各寺廟相互支持的情誼。

　　修善堂楊啟億委員表示，該廟所獲得的拆

圖 9-4　修善堂的廟貌具有「民間佛教」形式

遷補償金最少，但信眾的捐款卻最多，不僅廟內所有的建築、神像、祭祀用品等皆被認捐一空，且工程完成後尚有結餘款，顯示信眾的熱心護持。他指出有許多捐款者皆是漁船的船長，因該廟神明的庇祐，而能出海平安、滿載而歸，故都懷抱感恩之心踴躍捐輸。他以自己為例，其父因身體有恙，向該廟觀音佛祖祈求，如能痊癒可開船作業，即要贊助建廟。後來在佛祖庇佑下果然痊癒，楊父本來要出資購置廟地，但因地主不賣而無法如願，佛祖安慰他「有心就好」。其後因遷村而重新建廟，楊父以其「金明億漁船」及子女的名義，捐獻大門前造價 66 萬元的龍柱，以感謝佛祖對其健康及事業的庇佑。

新建的修善堂為兩層樓建築，屬於北方宮殿式樣貌，帶有佛寺簡單樸素的莊嚴感。一樓為辦公室與貯藏室，二樓正殿主祀觀音佛祖，有大佛祖、二佛祖、三佛祖等三尊，同祀五公菩薩、清水祖師，陪祀天上聖母、關聖帝君、保生大帝及釋迦佛祖等。除主祀神觀音佛祖外，其他如五公菩薩、清水祖師、釋迦佛祖，皆是具佛教色彩的神明，突顯其「民間佛教」的特質。在這些神明中，五公菩薩較為少見，廟方也不知其來歷；楊啟億

圖 9-5　修善堂正殿主祀觀音佛祖（中），同祀清水祖師（圖右）、
　　　　五公菩薩（圖左）

委員表示，在「天臺山五公壇（府）」時期，以五公菩薩為主神，後來改名為「修善堂」，才以觀音佛祖為主神。如就廟名及神明來看，在高雄六龜也有一間天臺山五公寺，主祀神亦為五公菩薩，包括誌公、朗公、康公、寶公、化公等五尊菩薩；而修善堂的五公菩薩亦稱為「朗公」，神像造型也與五公寺的相似，兩廟是否有香火分靈關係，有待進一步考察。

遷村後修善堂的主要祭典活動，為農曆 2 月 19 日觀音佛祖聖誕，當天會舉行廟內委員及信徒的祝壽大典，委員必須提供花藍一對來供養佛祖，同時會請歌仔戲班演戲酬神，晚上再舉行平安宴。該廟遷村前會固定到高雄阿蓮大崗山巖的超峰寺進香，但建廟後曾請超峰寺贈匾祝賀，卻一直沒有回音，據說該廟觀音佛祖頗為不滿，後來即不再去超峰寺進香，雙方關係已不如從前。另在農曆 7 月會舉行中元普渡，由信徒準備供品前來祭拜，約有 50 桌左右。農曆每月 15 日會舉行犒軍儀式，結束後備有簡單的平安宴。該廟的祭祀供品都為素食，但平安宴則無限制，顯示出民間信仰與佛教交融的特色。民國 103 年（2014）11 月 8 日至 12 日，該廟為連結廟內神明與大陸祖廟的香火關係，特組團前往浙江普陀山、五臺山，及福建湄洲天后宮、安溪清水巖清水祖師廟、白礁慈濟宮等地謁祖進香，也建立兩岸宗教交流的管道。

修善堂早年採爐主制，歷任爐主為楊彩、趙猥、楊重春、楊有諒、楊變、楊鉄、徐枝福、楊桶科等人，並由林振棋、楊進興、楊慶順等協助經堂性庶務。民國 70 年（1981）成立管理委員會，歷任主委為吳新興、吳啟文及楊明通等。現今該廟設正副主任委員各 1 人、常務委員 10 人、委員 33 人、顧問 2 人，廟方表示信徒只要熱心廟務，都可以獲聘委員。另仍設有 1 名爐主，由信徒擲筊產生。廟內並無附屬的陣頭與誦經團，但有時會有個別信徒來此誦經。

目前修善堂的信徒仍以原紅毛港的居民為主，但漸漸有附近及外地的信徒加入。廟內並無乩童問事，由信徒自行擲筊請示神意，如確有問事需要，經佛祖同意後，由委員以四轎來提供服務，但數量並不多。廟內設有

靈籤與藥籤，靈籤第一首首句為「日出便見風雲散」；另有提供點光明燈的服務，但無安太歲。該廟並有十四尊佛祖的分靈神像可供信徒請回，只要在農曆初一、十五日來廟內擲筊，擲筊三次中有一聖筊，便可將神像請回供奉，題緣金隨喜即可。楊啟億委員表示，希望隨著香火的興盛與傳播，有朝一日是外地人來該廟進香，而非該廟佛祖到外地進香。

修善堂的交陪宮廟不多，以附近原紅毛港的宮廟為主，每逢各廟主神的聖誕日，都會由委員代表前去祝壽；其中與飛鳳宮的關係最為密切，修善堂位於該廟後方，猶如後殿一般，廟內也掛有飛鳳宮所贈「神光普照」匾額。另廟內尚有左營舊城城隍廟所贈之「護國庇民」匾額，這也是極少數有互動往來的外地廟宇。雖然該廟對外活動甚少，知名度也不高，但廟方並不會因此舉辦大型或時下流行的活動，來吸引外地的信眾。楊啟億委員表示，該廟都是佛祖的靈驗來吸引信眾，曾有一外地婦人因感應到佛祖現身，一路找尋到該廟來參拜；另有一名信徒身體有恙，將佛祖的舊神衣請回供奉，後來果然身體康復，特別製作新神衣來答謝佛祖。

修善堂在遷村前即不收丁錢，現今主要的經濟來源仍是信眾的捐獻，廟內的存款利息即足夠支應例行性的開銷。該廟也常會將拜拜過的白米，贈送給孤兒院等弱勢團體，但都低調而不留名。另在該廟的右側為楊氏祠堂，亦因遷村而在此地重建，由宗親會理事長楊慶良向港務局爭取 26 坪土地興建，工程費用皆由楊姓宗親所樂捐，飛鳳宮捐贈 1 百 80 萬元，修善堂則提供重建過程

圖 9-6　修善堂旁的楊氏宗祠

中的水電，顯示兩廟與楊姓宗親的緊密關係，仍具有血緣色彩。楊氏祠堂於民國 102 年（2013）農曆 6 月落成，祠堂內供奉有弘農楊氏的歷代祖先神位，每年清明、冬至、新年等三大節的前一天舉行祭祖大典，農曆 6 月 2 日舉行週年平安宴，參與的宗親會員約有 1 百 60 人。

十、保安堂

　　保安堂雖非紅毛港的六大角頭廟之一，但卻是最具有話題性與故事性的廟宇，尤其在遷村後運用現代創意的手法，積極營造廟宇的軟硬體特色，吸引新聞媒體的報導，快速提升其能見度與知名度，信徒範圍也大幅擴張，成為當地最獨樹一幟的廟宇。

　　保安堂緣起於日治大正 12 年（1923），紅毛港漁民海上作業時，撈獲一條人的腿骨，乃帶回建一竹寮供奉，是為「郭府」。後來有一位陳姓村民，因死後無人處理後事，乃托夢給鄉親，希望安葬於保安堂，是為「宗府」。民國 35 年（1946），漁民又於海上撈獲頭顱，亦攜回供奉於保安堂，是為「海府」尊神。後來漁民出海捕魚，曾下網撈起一塊巨大的樟木，又將它丟回海中。但第二、三次在別處下網，卻又同樣撈起這塊樟木，漁民皆覺得不可思議，乃恭敬地將其攜回。正巧保安堂要找木頭雕刻神像，這塊樟木的大小剛好可以雕刻三尊神像，即遷村前該廟所供奉之郭府、海府、宗府金身。[1]

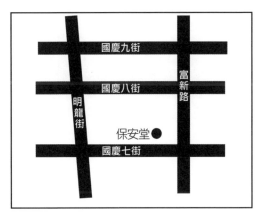

圖 10-1　保安堂位置圖

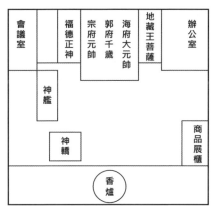

圖 10-2　保安堂正殿配置圖

1　李億勳，《紅毛港文化故事》，頁 67-68。

　　遷村前的保安堂曾經過兩次重建，第一次是村民洪送還願重建，第二次是海府大元帥所託夢指示，於民國 57 年（1968）興工改建，民國 63 年（1974）竣工完成，這也是遷村前的最後樣貌，廟址位在海汕五路 98 號，面向內海路，座東朝西。該廟總幹事洪宏仁表示，當時有位日本工程師來高雄參與第二港口的開闢工程，海府大元帥顯靈要他贊助水泥、支持建廟，後來他依神明指示捐助 500 包水泥，回日本後並將此事對外傳播，吸引日本 NHK 等新聞媒體前來採訪，建立起該廟與日本的友好關係。

圖 10-3　保安堂內供奉日本神艦

　　此次重建的保安堂除供奉原有郭府千歲、海府大元帥、宗府元帥外，也增加陪祀地藏王菩薩、福德正神、虎爺將軍等。民國 79 年（1990）海府大元帥托夢給不諳日語的乩童，表示其為日本第 38 號軍艦艦長，在太平洋戰爭中陣亡，想回日本護國神社。信徒依「海府」尊神指示，至琉球尋訪護國神社，果真有日本第 38 號軍艦遭擊沉之史實，於是在翌年（1991）由信徒捐款，請哈瑪星之造船匠黃秀世建造日本軍艦奉祀之，艦名為「38 號にっぽんぐんかん」，艦身全長九尺，分為三層，內有軍官數員及士兵 72 員各司其職，每日定時播放日本國歌，吹奏起床號，艦內物品均依實物打造，成為臺灣唯一供奉日本軍艦的廟宇。[2] 洪宏仁總幹事表示，這艘軍艦時有顯靈事蹟，有信徒曾在基隆八斗子漁港、高雄壽山動物園上空看過其影像，廟方也特別將農曆 4 月 5 日訂為 38 號神艦的聖誕日。

2　　李億勳，《紅毛港文化故事》，頁 67-69。現今紅毛港保安堂沿革碑文。

民國 96 年（2007）配合政府的紅毛港遷村政策，保安堂遷移鳳山區南成里國慶七街 132 號，並展開籌建新廟事宜。在遷建委員會前主任委員陳水松及現任主任委員洪海上帶領眾委員出錢出力、積極募款下，終於民國102 年（2013）11 月 27 日竣工落成。新建的保安堂廟埕前立有石燈籠與日本國旗，廟體建築具有日本神社的風格，外觀以白、藍、金三色為主色調，並加入日本風味的富士山、櫻花、菊花、太陽、福神、藝妓等彩繪圖案，屋頂樑柱上有日本海軍士兵持槍守護的人偶，地板上亦有櫻花圖案，牆面則有「那霸市奧武山鎮座」等壁畫。廟內除醒目的日本軍艦及穿日本海軍軍服的海府大元帥神像外，尚有日本的酒、扇子、神轎、七福神臉譜、祈福繪馬等，樑柱則有日本浮世繪風格的海浪與錦鯉。整座建築從內到外，散發出濃濃的日本風味，與周邊傳統寺廟有明顯的不同，格外引人注目。保安堂總幹事洪宏仁表示，當初廟方準備 9 件建築設計圖供海府大元帥挑選，結果海府以 6 個聖筊選出其中一件，並透過乩童指示加入一些傳統漢人廟宇的元素，如龍柱及山水、花果、雙龍搶珠等彩繪，而成今日和漢合璧的建築樣式。

圖 10-4　保安堂廟貌具有日本風味

圖 10-5　廟體外觀有富士山、藝妓、福神之彩繪

　　新建的保安堂佔地有 500 多坪，購地及工程總經費高達 1 億多元，除政府的拆遷補償費數百萬元外，其餘皆靠各界的捐款贊助。從廟內捐獻現金芳名錄的碑記來看，捐款人以洪姓較多，但所佔比例並不高，尚有其他許多姓氏，顯示其捐款來源較具有開放性。其中現任主委洪海上捐 1 百 60 萬元、前任主委陳水松捐 1 百萬元，是捐款最多的兩人。除現金捐款外，尚有發心的信徒捐贈廟內的壁畫、彩繪、建築構件及祭祀用品，如日本福岡日華（臺）親善友好慰靈訪問團捐贈兩根龍柱，並由其常務顧問松俵義博立碑說明緣由，展現出日本友人對該廟的支持。

　　洪宏仁總幹事表示，他雖曾在紅毛港開海釣場，但當時並未與保安堂有所接觸，直至 4 年多前，他在夢中看見海府大元帥對他笑，並浮現出「保安堂」三個字，令他感到神奇卻又不解。不久因承包土木工程，來到保安堂附近施工，因緣際會下踏入該廟，才發現竟與夢境完全相同，令他深感不可思議，當下捐 1 萬元支持建廟。此後他常來該廟拜拜，如一段時間沒來，即會有幻聽日本歌曲的現象，於是他毅然加入該廟的管理委員會，全力投入廟務工作。

　　大學是學國貿與企管的洪總幹事，首要任務是要為廟方籌募建廟經費。他運用管理行銷的理念，成立 40 多人的志工團，大多為有創意活力的年輕人，參與各項廟務活動的執行，帶動整體的熱鬧氣氛，使該廟成為眾人矚目的焦點。例如民國 102 年（2013）飛鳳寺謁祖進香返回後的遶境活動，保安堂即動員約 3 百人參與，身穿整齊而有日本特色的服裝，成為眾多廟宇中最為醒目的隊伍，同時還請歌星演唱帶動氣氛，吸引許多信眾前來，對該廟留下深刻印象。此外，他利用臉書（FB）建立保安堂的社群，行銷該廟特有的故事與活動，吸引許多新聞媒體前來報導，甚至遠在日本的產經、朝日、讀賣、NHK「日曜討論」等新聞也跨海前來採訪，成功打開該廟的知名度，各界的捐款也大幅成長。

　　海府大元帥在新廟落成前一年，即指示入廟安座的日期，由於工程經費尚短缺 1 千萬元，眾人都擔心會無法如期完成。但在神明的加持與眾委

員、志工的努力下，果然順利完工落成，於民國 102 年（2013）12 月 29 日舉行謝土安座大典。當天陳菊市長與多名民意代表共同揭匾，日華（臺）親善友好慰靈訪問團團長小菅亥三郎率 30 多位日本團員前來參與，他頭戴日本海軍軍帽，獻祭靖國神社海軍軍服及黑田武士人偶，並表示這是他第九次造訪臺灣，感謝保安堂供奉日本軍艦，增進兩國友好情誼。[3] 下午舉行宴王，宴席加入日本風味的人偶、祈福燈、御守、繪馬等元素；晚上則舉行平安宴，席開兩百多桌，除邀請歌星演唱外，還有難得一見的川劇變臉、日本舞蹈表演等，不僅吸引各大媒體的報導，也再一次成功將該廟行銷出去。

　　遷村前的保安堂曾因海府大元帥的指示，於民國 89 年（2000）農曆 8 月前往琉球護國神社進香，當時館方要求只能參觀，不能有宗教活動。洪宏仁總幹事表示進香團飛抵琉球時，適有颱風來襲，但在神明庇佑下，飛機終能平安降落。進香團依海府指示於早上 9 時前到達護國神社，但該館原本要到 10 時才開放參觀，卻因館長聽到有人叫他而提早開門，且當他開門時，還彷彿看見有一日本軍人持武士刀作勢要砍警衛，令他感到不可思議；而就在此時剛好 9 點整，神社鐘鼓齊鳴，眾人才明瞭海府要在這個時間到達的原因。進香團曾在神社內再次請示海府，祂是否是日本海軍 38 號軍艦艦長大田實，但海府僅笑而不答。此後，保安堂維持每 3 年到日本進香一次，有一年到東京靖國神社參拜，在護國神社的協助之下，海府在此被晉封為「中佐（中校）」。

　　遷村後保安堂因忙於建廟工程，而有多年未到日本進香，如今工程已圓滿完成，廟方也於民國 104 年（2015）9 月 13 日再度組團前往日本靖國神社、明治神宮、平安神宮進香參訪。雖然曾有一段時間未到日本，但日華（臺）親善友好慰靈訪問團幾乎每年 11 月 22 至 24 日間，都會有 30 多人前來參訪，該團來臺會去各地有奉祀日人成神者的廟宇祭拜，團長小菅亥

3　高培德，〈日團特地來訪，供奉日軍艦，保安堂安座大典〉，《聯合報》B2 版，2013 年 12 月 30 日。

三郎則是日本海軍的後代，因此對保安堂特別有感情，雙方長期保持互動密切的友好關係。

洪宏仁總幹事不諱言曾有人質疑為何在臺灣祭拜日本殖民統治者的神明，但他認為宗教無國界，臺灣受日人統治及受其文化的影響，乃是不容否認的歷史事實，更何況日本對建設臺灣有一定貢獻，祭拜日本神明並無不妥。該廟透過網路 FB 的傳播，全臺如宜蘭、南投等地祭拜日本神明的廟壇都會前來參香；另位在屏東枋寮的東龍宮，乃主祀牡丹社事件殉難的田中綱常大元帥，也與保安堂結為兄弟廟，曾前來協助入廟安座的儀式。

保安堂雖以奉祀海府大元帥聞名，但目前神龕正中央仍為郭府千歲，左右兩邊分別為海府大元帥、宗府元帥。洪總幹事表示郭府是最早奉祀於該廟的神明，但因乩童問事時多為海府降駕，且其擁有兵馬，領導能力較強，因此對外多由其主事。三尊神明的聖誕統一訂在農曆 8 月 8 日，廟方會請戲班演歌仔戲、布袋戲酬神，晚上則有平安宴宴請信眾及友宮代表，這也是該廟最重要的年度祭典。值得一提的是，在主神神龕底下仍保存有

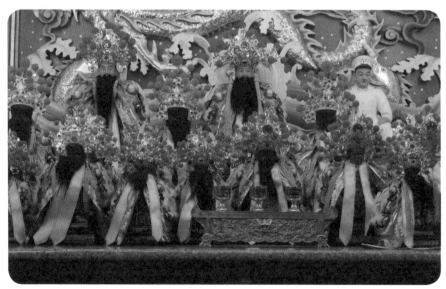

圖 10-6　保安堂主祀郭府千歲（中）、海府大元帥（圖右）、宗府元帥（圖左）

早年海中撈起的骨骸，見證其香火緣起與原本「陰廟」的性質。保安堂以往只到日本進香，民國 102 年（2013）10 月為刈取鎮殿神尊的香火，曾到旗津大願院、臺南市天壇天公廟、麻豆代天府等廟刈香。

遷村後保安堂的管理委員會，設有主任委員 1 名，副主任委員 2 名、管理委員與監察委員 10 餘名，僅剩半數是原紅毛港的居民。目前重要活動的主力是志工團，約有 40 多人，也以外地人為主。廟內另設有爐主，以擲筊產生，但無頭家。原有 1 名乩童，但在近年過世後，即無乩童提供問事服務，而由信眾自行擲筊請示神意，廟內設有靈籤。在紅毛港的廟宇中，該廟與飛鳳寺的關係最為密切，據說是因其主神廣澤尊王亦姓郭，故兩廟結為兄弟廟，廟內掛有其所贈「神威顯赫」之匾額。此外，高雄左營城隍廟、鼓山寶瀾宮亦皆有贈匾，彰化和美龍華慈惠堂曾來參訪，顯示彼此有互動往來關係。

洪宏仁總幹事表示，遷村後的保安堂要能有所發展，絕不能再侷限於過去傳統保守的經營方式。他強調網路的力量十分強大，透過 FB 建立社群，讓該廟的各項資訊快速地傳播出去，也吸引許多新聞媒體前來報導，使其能見度與知名度都大幅提升，進而帶動更多信眾來一探究竟。目前來該廟參拜的信眾，有一半以上是外地人，不少日本人士慕名而來，也有大學教師帶著學生來戶外教學，使其人氣有超越紅毛港六大角頭廟之勢。該廟為吸引年輕族群，還設計開發吊飾、小書包、紀念帽、海府大元帥公仔、長短袖 T 恤等創意商品，也成為該廟重要的經濟來源。相較於紅毛港其他廟宇，保安堂確實走出自己的風格，未來的發展也更令人期待。

十一、海眾廟、大城隍公廟

（一）海眾廟

海眾廟與保安堂相同，皆是早年紅毛港漁民出海捕魚作業時，意外在海中撈起骨骸，為求平安與吉利，將其帶回岸上祭拜，因有靈驗顯現，香火日盛，終至由信徒出資正式建廟。這類廟宇與臺灣民間常見的有應公廟相似，皆在奉祀無主孤魂，但其香火緣起的枯骨來自海上，則是沿海漁村特有的現象，民國 60 年代（1970 年代）的紅毛港即有三十多座類似的小廟，海眾廟則是其中最具代表性的廟宇。

有關海眾廟的香火緣起與歷史沿革，現今該廟內的「沿史」碑文有載：

緣自民國六十一年，系由在地紅毛港漁民出海捕魚，下網張起撈到一塊腳盆骨，亦由漁民拿往赤竹仔進塔安置遺骨骸。經由一段時間，惟當時撿到的漁民出海捕魚常不順破網故障，然後請教神明時經過指示，這塊腳盆骨不要放置安塔所在，意要拿回紅毛港之內港漁船避風港角落所在地。再經請示本地境主張巡尊王同意之下，且要其靈駐守港週修道，不可發生任何大小事端，常保平安順利。亦再經過九年內修成正果，神職格品，指點漁民說要裝成金身寶像，

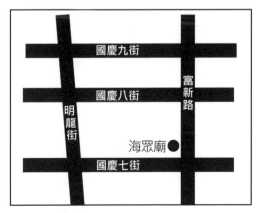

圖 11-1　海眾廟位置圖

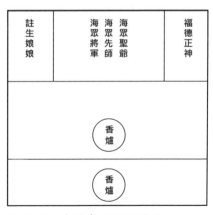

圖 11-2　海眾廟正殿配置圖

並建立一小廟鎮守供奉，亦在民國七十一年完成建廟初始取名海眾廟。[1]

由此碑文可知，這塊海中撈起的骨骸，原本是安置於靈骨塔，但因撈起的漁民出海作業不順，經請示神意才知是骨骸之孤魂作祟，乃在徵得境主神明之同意後，在港邊安置祭拜。後來逐漸從孤魂朝神明轉化，信徒乃為其雕刻金身，並建小廟供奉。遷村前即在海眾廟服務的楊姓廟祝表示，這塊骨骸乃漁民在基隆海面作業所撈到的，最初是裝在「金斗甕」內，置於漁港路邊供人祭拜。數年後因頗為靈驗，信徒先為其雕刻金身，再以木板搭建小廟供奉之，但因佔有公有地，派出所曾來取締，經該神靈向其主管托夢，才得以順利興建。

另根據洪富峰的調查，海眾廟最初為竹寮，民國 75 年（1986）才重建磚造規模，為座南朝北的簡單平房式建築，並無飛簷翹脊，民國 80 年（1991）中鋼又捐建廟旁廂房，廟址在海澄里海汕一路 294 號。[2]民國 96 年（2007）配合政府的紅毛港遷村政策，海眾廟遷至鳳山區國慶七街 130 號，並展開重建新廟事宜，而於民國 100 年（2011）4 月完工落成、謝土安座。廟方表示新廟的總工程經費約為 1 千 3 百 16 萬元，政府補助拆遷補償金 8 百萬元，其餘由信眾樂捐贊助。根據廟內的捐獻芳名錄碑記顯示，榮譽主任委員楊文進、顧問楊慶良各捐 30 萬元，分居首位；捐款人以楊姓居多，這與遷村前廟址位在楊姓聚落有關。此外，有些捐款人附上漁船的船號，也可見漁民對該廟的護持。

新建的海眾廟位在富新路與國慶七街的交界處，甚為顯目；廟方表示當時與保安堂抽籤決定廟址，該廟抽到靠大馬路的現址，能吸引來往人車的注意，較相鄰的保安堂更具地利優勢。新廟為兩層樓的挑高建築，廟前上方搭有鋼製棚架，下方有一金爐；整個廟體空間雖不大，但建築樣貌與一般神廟無異。廟內中央神龕主祀海眾先師，同祀海眾聖爺、海眾將軍；

---

1 這塊碑文雖有些文辭不通，但為存真，仍如實呈現，僅略作斷句，以利閱讀。

2 葉振輝，《紅毛港史蹟調查研究專輯》，頁 77。

兩側神龕分別陪祀註生娘娘與福德正神。雖然各神明皆雕刻金身,但中央神龕下仍保存有以紅布包裹的骨骸,見證該廟最初的香火緣起與陰廟性質。

　　海眾廟楊姓廟祝表示,約在民國 66 年(1977)賽洛瑪颱風之前,該廟即為海眾先師雕刻金身;後來建成小廟,為免海眾先師寂寞,又雕刻海眾聖爺、海眾將軍兩尊來作伴,類似分身神的性質。現今三尊神明的聖誕統一訂為農曆 3 月 26 日,從前一日即請戲班演大戲酬神,晚上則備有平安宴,席開約 60 桌。農曆 7 月則有中元普渡,請道長主持儀式。楊姓廟祝表示在遷村前,酬神戲常連演 8 至 10 天,但遷村後因少人來看戲,才縮減為 2 天。另在遷村前仍具有陰廟性質,並未辦理中元普度;遷村後因已轉化成陽廟,才開始有正式的普度儀式。

　　現今海眾廟的管理委員會設有主任委員 1 名、副主任委員 2 名、常務委員 3 名、委員 30 名,另有總務 1 名、顧問 3 名,皆沿襲紅毛港的原有組織,也以楊姓居多。該廟未設爐主與頭家,信徒仍以紅毛港人為主,甚少有外地人來參拜。楊姓廟祝表示遷村後的紅毛港居民,仍有一些人從事漁業,只是改到前鎮漁港作業,因此對於原鄉保護討海人的海眾先師仍維持虔誠的信仰,常會回來該廟祭拜。不過,大多數的信徒只有在神誕日才會回來拜拜,對於紅毛港人的凝聚力已逐漸消減。

圖 11-3　海眾廟的廟貌已脫離陰廟形式

圖 11-4　海眾廟主祀海眾先師

遷村前的海眾廟即不收丁錢，現今主要靠信眾的捐獻及神誕祭典的收入結餘，來維持廟內的開支。目前該廟並無問事服務，亦無籤筒，而由信徒直接擲筊請示神意。不過，廟內神龕前兩側置有大型的鯊魚劍、七星劍，此為乩童常使用操演的法器；廟方並把此鎮廟之寶鯊魚劍製成陶瓷相框，讓信眾索取結緣，頗具特色。該廟甚少與其他廟宇交陪，僅與原紅毛港廟宇有所往來，廟內亦僅掛有一方高雄市議會所贈「功在海眾」匾額；另曾因神明發爐指示，前往臺南麻豆代天府刈香，這是極少數對外的活動。

海眾廟洪姓信徒對於在原鄉舊址設立紅毛港文化園區並不認同，他認為該園區無法發揮保存紅毛港文化的功能，所蒐集的文物大多缺乏價值，反而珍貴文物都未加以保存。他表示目前還讓紅毛港人有向心力的地方，只剩下這些遷來的寺廟，應該將文化園區設在此地，讓紅毛港人來拜拜之餘，可順道回味舊時故鄉的風土文物，這才有助於當地文化的保存。

（二）大城隍公廟

遷村前的大城隍公廟，原名大城隍爺公壇，簡稱城隍爺壇。該壇緣起於民國 40 年代（1950 年代）左右，紅毛港人蘇漏德為了三子的眼疾，到鳳山城隍廟祈福，因此與城隍爺結緣。蘇氏依城隍爺的指示，到汕尾取木

圖 11-5　大城隍公廟位置圖

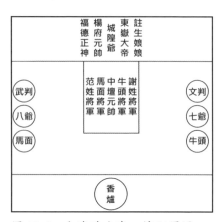

圖 11-6　大城隍公廟一樓配置圖

頭雕刻金身，命名為「大城隍公」，[3] 並設立神壇供奉之。其壇址為海汕五路147 號，位於朝天宮北方，廟門座北朝南，為一層樓的小型廟宇建築，壇埕遮陽棚為臺電大林燃儲運場所捐建，門神為黑白無常，較為少見。

　　由於大城隍公在紅毛港甚為靈驗，除了本地人信仰外，甚至有遠至新竹、淡水、澎湖等地的信徒，廟內掛有其所敬贈的匾額。民國 92 年（2003）底，玉皇大帝晉封該神為福明靈王天下都大城隍公，每隔 3 到 5 年，大城隍公會在紅毛港當地遶境，民國 93 年（2004）的遶境活動，參與的陣頭與神轎約五十陣，吸引千餘信眾參與，有不少媒體前來報導。

　　民國 96 年（2007）8 月 5 日，大城隍爺公壇配合紅毛港遷村政策，遷往高雄市前鎮區中安段 79-48 地號，亦即朝天宮的後方，先成立臨時宮；同年 11 月 6 日破土開始重建新廟，也改名為紅毛港大城隍公廟。民國 100 年（2011）經大城隍公鑾駕指示，為與全臺其他城隍廟統一廟名，及便於宗教寺廟之管理，乃更名為城隍廟，這是新廟上方牌匾的廟名，也以此正式登記立案，廟址為明鳳三路 59 巷 21 號。

　　大城隍公廟雖是最早破土新建的紅毛港廟宇，但由於工程募款並不順利，以致建廟進度較為落後，是唯一尚未完工落成的廟宇。目前該廟的建築外觀大體完成，但二樓正殿約完成八成，尚有地磚、案桌、

圖 11-7　大城隍公廟建築外觀已完工

圖 11-8　大城隍公廟二樓正殿工程仍進行中

3　〈城隍廟〉，「高雄市前鎮區公所全球資訊」，擷取日期：2014 年 4 月 30 日網址：http://kccdo.kcg.gov.tw/main.php?page=feature_temple25。

光明燈、鎮殿神像、金爐等需施作，所有神像暫時安置在一樓空間，供信眾參拜。由於工程進度需視募款捐獻的成果，故廟方也無法預估落成安座的期程，只能盡力讓工程持續進行，早日達成建廟的目標。

大城隍公廟主祀城隍爺，陪祀東嶽大帝、楊府元帥、註生娘娘、福德正神、中壇元帥。為突顯城隍爺賞善罰惡的職能，廟方特別在新廟上方掛上「你來了」的牌匾，提醒世人行事勿違良心；農曆 5 月 12 日為其聖誕日，有祝壽儀式及連演兩天大戲酬神，是該廟最重要的祭典活動。農曆每月初一、十五日，會有信徒準備鮮花敬獻神明。該廟因尚未建廟完成，較少有對外活動，民國 102 年（2013）3 月底曾參與飛鳳寺謁祖進香返回後的遶境活動，當時其七爺、八爺兩尊神將突然起乩暴衝，引起眾人的注目；同年 11 月 2 日則曾前往臺南府城隍廟會香。

現今大城隍公廟成立有管理委員會，亦設有爐主，另附屬一團神將隊，是該廟活動的一大主力與亮點。該廟神龕上雖放有鯊魚劍等法器，但今已無乩童，大多由信徒自行擲筊抽籤來請示神意，廟內設有靈籤，第一首首句為「日出便見風雲散」；若信徒有問事之需要，廟方也會以「四駕」提供服務。另在廟內也供奉有多尊神明的副身，可供信徒請回家中暫祀。

遷村前的大城隍公廟位在蘇姓聚落內，創立人與管理人皆為蘇姓，具有鮮明的血緣色彩。遷村後該廟仍位在「姓蘇仔廟」朝天宮與蘇氏宗祠的後方，但信徒已不侷限蘇姓，從其廟內捐款者及獻花信徒的名單來看，蘇姓並無明顯較多，顯示其血緣色彩已消退。廟方表示目前信徒仍以原紅毛港人為主，但新廟附近的居民也會前來參拜。該廟的交陪宮廟仍以紅毛港的廟宇為主，但與小港臨鳳宮、無極龍濟宮也有往來，兩廟也在建廟經費上給予支持。總之，大城隍公廟逐漸在擴大其信徒及交陪宮廟的範圍，希望在自助人助下，早日完成建廟的工作。

圖 11-9　大城隍公廟眾神明暫祀於一樓空間

十二、祭祀圈、宗教治理與公共性

從封閉型、血緣性的傳統漁村，搬遷到開放性的新興社區，紅毛港的寺廟無論在祭祀範圍、經營方式、交陪網絡，及其與土地、信徒的關係等各方面，都有明顯的改變，也可視為是傳統寺廟轉型成現代寺廟的縮影。以下即援引祭祀圈、宗教治理、公共性等國內外學者有關理論，論述遷村前後紅毛港寺廟的轉型與變遷，及其在民間信仰與地方社會研究上的意義。

（一）祭祀圈

如第二章所述，「祭祀圈」是人類學者研究漢人民間信仰的重要理論，它強調臺灣民間為祭祀共同的主神，會形成一個地域範圍，在此範圍內的居民有共神信仰，組成共同的祭祀組織，並有例行性的共同祭祀活動。祭祀圈內的居民與神明之間具有權利義務關係，居民有當爐主頭家、請神鎮宅、參與宴客、吃福、乞龜等祭祀活動及接受神明巡境保護之權利，但也有交丁口錢、出錢修建廟宇及分攤各種祭祀活動費用之義務。

在未遷村前，紅毛港各公廟的祭祀圈非常明顯，雖然未必都有收丁口錢，也未必都有完整的外五營，但各廟的信徒範圍及丁口數是很明確的，信徒對於自己歸屬的廟宇也很清楚。當地的祭祀圈會如此明確，乃因紅毛港為一保守而穩定的傳統漁村，人口、信仰與社會變動少，更重要的是其具有血緣性格，每個角頭幾乎都有一個大姓及所屬的公廟，如「姓楊的」為飛鳳宮、「姓洪的」為朝鳳寺、「姓李的」為濟天宮、「姓蘇的」為朝天宮等，亦即公廟兼具地緣性與血緣性，將神、人、地、廟四者緊密連結在一起。

但遷村之後，各寺廟遷移到鳳山、前鎮、小港三區交界的中安路與紅毛港路一帶，居民卻未隨之遷移，而是散居到高雄市各地，雖然他們仍常會回到新廟祭拜，也仍擔任各廟管理委員會的委員，但卻不再有因共神信仰所形成的地域範圍。現今新廟周邊雖有住戶，但並非都是原紅毛港的居民，更無同姓的血緣關係，也因此未必是這些寺廟的信徒，自然談不上對

神明的權利義務。換言之，「祭祀圈」的理論已不適用於遷村後的紅毛港寺廟。

再就學者所提出祭祀圈的幾個指標來看，顯然亦不適用於這些遷村後的寺廟。例如在建廟與修廟由居民共同出資上，遷村前各廟的修建幾乎都由庄內居民出資，確實是一項有力的指標；但遷村後原庄內居民已四散，加上遷村的補償金不足以購置新屋，大多數的居民都因此而負債，只能以小額捐款來聊表心意，大部分經費則是靠管理委員的捐輸，尤其主任委員必須透過自身的人脈來進行募款，出資者愈多愈好，自然不再侷限於庄內人士，故已無法以此來做為判定祭祀圈的指標。

又如在收丁錢上，飛鳳寺、飛鳳宮、濟天宮在遷村前即已不收丁錢，遷村後幾乎所有宮廟都不收，僅剩朝天宮還維持收丁錢，但已無強制性，而是由信徒主動回廟繳交，主要目的在維繫寺廟與信徒之間的關係，並非是在盡信徒對神明的義務。再者，劃定祭祀圈的「巡境」指標，一般即是指外五營的範圍，遷村前各公廟大多設有外五營，即使沒有外五營，在巡境時也會有明確範圍，不會繞巡到其他的角頭。然在遷村之後，由於都會區的廟地取得不易，已無寺廟在外部設置外五營，僅剩下寺廟內的內五營，自然也無法以此來判定祭祀圈的範圍。少數的寺廟如飛鳳寺曾舉行巡境，但其範圍涵蓋整個紅毛港遷村部落，主要目的是在連絡各廟的情誼，並無以此宣示祭祀圈範圍的用意。

再就頭家、爐主而言，早期爐主的責任是在一定的祭祀日期要準備牲禮祭拜神明，頭家則要在演戲時幫忙搭戲棚，或神明出巡時擔任抬轎的工作，兩者也常常要負責收丁錢或募捐。通常是有出丁錢的人即有擲筊擔任頭家與爐主的資格，因此也與收丁錢一樣可做為判定祭祀圈的指標。不過，隨著收丁錢的情形愈來愈少，頭家與爐主的資格已漸與丁錢無關，且一般廟務多由管理委員會負責，爐主、頭家已無大太的功能，有許多寺廟都不再設立。遷村後的紅毛港寺廟大多仍維持有爐主，但已無頭家，且爐主並不見得是列冊信徒，也不限於社區內人士，只要有來廟裡祭拜者，都可以前來擲筊擔任，因此也難以此來判定祭祀圈的範圍。

　　遷村後的紅毛港寺廟，可說是舊祭祀圈已經消失，新的祭祀圈尚未形成。目前來新廟祭拜的人，主要仍是原有紅毛港聚落的居民，雖然他們大多已不住在廟的附近，但是信仰的力量、血緣的關係仍將他們結合起來。因此，學者討論祭祀圈多強調其具有一定地域的特質，也就是著重其地緣性；但就紅毛港寺廟的現況觀察，可以發現祭祀圈中信仰與血緣因素的重要性，有時更高於地緣因素，即使後者因遷村而消失，前者仍可做為延續香火的重要力量。

　　為何紅毛港人已散居四處，但仍會來遷村後的原鄉寺廟祭拜，甚至克盡信徒應有的義務？根據人類學者 M. Strathern 在倫敦 Elmdon 村的觀察，發現從外地移居而來的現有居民並不認同當地，反而從當地移居他處的民眾，以認同象徵來保持跟當地的關係。因此擁有土地權或居住當地等，皆不再成為村民認同村子的指標。一個人對地方的認同不再是具體的地域範圍，而是建立在想像或象徵的連帶上；這些想像或象徵當然必須由原有的社會關係或信仰轉換而得。[1]

　　張珣以上述 Strathern 的理論，解釋大甲移民熱衷參與故鄉進香活動的原因。她並指出一個人與出生的土地之間有一種神秘的連結，每個人的「人觀」成分中有一部分是出生地。一個人與出生土地之連結有一個重要指標，即是與村廟主神之間的權利義務關係。村民一出生即屬於村廟主神的信徒，信徒資格由父傳子，代代相傳，一個人終其一生均屬於該神明保佑的對象，即使遷居外地仍會以分香、分靈來取得與家鄉的連結。因此，移民能感受到家鄉神明的神蹟與保佑，即證明他仍是該神明管轄的人口，仍是家鄉的一分子。[2]

1　Marilyn Strathern, "The Village as an Idea: Constructs of Village-ness in Elmodn, Essex," in Anthony P. Cohen, ed., *Belonging: Identity and Social Organization in British Rural Cultures*. (Manchester: Manchester University Press, 1982), pp. 247-277.

2　張珣，《文化媽祖：臺灣媽祖信仰研究論文集》（臺北：中央研究院民族學研究所，2003 年），頁 158-164。

　　正由於這種人與出生地的特殊連結，使紅毛港居民與故鄉廟宇有一種難以割捨的關係，即使人與廟都已遷離原來的土地，且大多已不在同一聚落，但他們對原鄉的寺廟仍充滿感情，不僅常會回來燒香拜拜、參加祭典活動，也負擔寺廟的重建經費，並擔任祭祀與管理組織的重要成員，保有對寺廟的權利與義務。由此可知，地方神明與信眾的關係並不能以地域範圍來區分，本地人即使遷居外地，仍可能與本地神明維持如親屬般的關係；外地人即使遷入本地，也未必能與本地神明建立緊密關係，其關鍵在於是否對地方具有認同感與歸屬感，具體表現即在於對地方神明的信仰上。

　　因此，地方居民與村廟確實存在一種權利義務的關係，但它不見得是侷限在一個封閉的地域範圍中，即使村廟與居民不再有地緣關係，但彼此的信仰情感與權利義務關係依然存在，這是祭祀圈理論所無法涵蓋之處。針對此一理論的侷限性，晚近已有學者提出批判與反省，如張珣指出由於人類學者的保守心態，堅持傳統社區或宗教的研究才能呈現文化深層結構，如今面臨現代化之後的宗教變遷，在都市化人口平均多於鄉村人口的宗教信仰型態之下，不只祭祀圈解體，舊有寺廟無法維持紛紛尋求生存之道的情況之下，「後祭祀圈研究」的時代已經悄然降臨。[3]

　　從上述遷村後紅毛港祭祀圈的討論來看，在進入現代社會之後，建廟與修廟居民共同出資、收丁錢、頭家與爐主、五營等指標，都已逐漸難以做為判定祭祀圈範圍的指標；尤其在遷村之後，舊有的祭祀圈解體，新的祭祀圈尚未形成，強調地緣性的祭祀圈概念也受到考驗。因此，要進一步開展祭祀圈的研究，必須在地緣因素之外，更重視信仰、血緣等文化因素的探討，這才是學者因應「後祭祀圈研究」時代來臨所要努力的方向。

（二）宗教治理

　　遷村後紅毛港寺廟的經營方式，大概可分兩類：一是仍維持未遷村前較為保守消極的經營方式，如朝鳳寺、濟天宮、天龍宮、海眾廟等；二是

3　張珣，〈打破圈圈──「祭祀圈」研究的反省〉，《媽祖・信仰的追尋》（臺北：博揚文化事業有限公司，2008 年），頁 266-267。

以較開放、積極、創新的方式來經營，如飛鳳寺、飛鳳宮、朝天宮、保安堂等。這兩種經營方式取決於廟方管理組織的理念，並無好壞高低之分；不過相較而言，後者的媒體報導與知名度較高，外來的香客較多，整體人氣也較旺，這即涉及到「宗教治理」的問題。

李丁讚與吳介民曾透過對一個地方公廟儀式變遷的觀察，提出「巫術社群」概念，分析宗教治理技術下的軌跡，認為民國 60 年代（1970 年代）臺灣社會邁入現代化時，包括民間寺廟在內的各種組織以一種現代企業經營的方式在經營宗教，積極創造民眾對宗教的需求，使民間宗教不僅未隨理性的提升而遭壓抑，反而呈現出更為興旺的景象。

他們指出現代社會有一「治理性」（governmentality）的特徵，每個人、每個行動體都以自己為中心，開始往外擴張延伸，透過各種「物」的設計，各種「技術」的發明，來對可能的對象進行包圍、治理，並把這些變成統治對象，以提升自身的地位、聲望與利益。臺灣社會在邁入現代化後，民間信仰也開始治理化，一些大型的、有野心的廟宇開始往外擴張，透過各種儀式發明，如謁祖進香、遶境遊行、弘法宣教、大型法會、藝文展演等各種活動的舉辦，嘗試藉此把可能的人口都納入治理的對象。這種宗教行動者透過各種儀式的發明，積極主動地操弄人們的身體與行為，以增加廟宇的潛在信眾，進而提升廟宇的地位與聲望，達到治理的目的，稱之為「宗教治理」。[4]

在遷村後的紅毛港寺廟中，有部分也開始運用「宗教治理」，如飛鳳寺在新廟建成後，舉辦四天的謁祖進香與遶境活動，由 1 百 30 人大陣仗迎奉廣澤尊王等 27 尊神明，跨海回到福建南安詩山鳳山寺謁祖進香，返回後舉行盛大的遶境，有三十多間廟宇共襄盛舉。遶境隊伍由 18 支兩公尺高的「羅漢旗」前導，繞行範圍不限於前鎮區、鳳山區間的紅毛港遷村部落，也擴及小港區的漢民路商圈、高松、桂林一帶，獲各廟宇熱情歡迎，並出

4　李丁讚、吳介民，〈現代性、宗教、與巫術：一個地方公廟的治理技術〉，《臺灣社會研究季刊》59 期（2005 年 9 月），頁 143-184。

動各式陣頭助陣，場面頗為熱鬧。此外，在民國103年（2014）的春節，該廟打造五光十色的創意平安橋，十分引人注目，並舉辦過平安橋及摸彩活動，獎品豐富，吸引數千人參與。

飛鳳宮在新廟建成後，則舉行盛大的三朝禮斗清醮，是紅毛港廟宇遷村後的首次建醮。除固定三天的醮祭科儀外，廟方還在廟埕播放六天的「薪火相傳」系列影片，藉由攝影家楊順發所製作紅毛港半世紀的上萬張相片及訪談，讓信眾重溫昔日故鄉的生活點滴及歷史變遷，也吸引許多外地民眾前來欣賞。廟方還考慮未來在廟內規劃文物館，展示老照片及舊有的文物，以進一步保存紅毛港的文化。

朝天宮在過年期間也會舉辦應景而有創意的活動，如擲筊競賽，獲勝者可獲得創業金或黃金馬，另有求錢母活動，讓信眾求取1元及5元硬幣各1枚的錢母，放在家裡器皿中聚財。此外，該廟還與周邊的幾個國小合辦彩繪花燈競賽，集結上千個花燈，在過年期間展示；另備有上千斤的大龜王讓信眾乞龜。該廟如有重要的活動，有時也會利用宣傳車在小港、前鎮一帶放送消息，以吸引更多人前來參與。

保安堂則是最擅於運用「宗教治理」的寺廟，它在參與飛鳳寺的遶境活動時，即動員約3百人助陣，身穿整齊而有日本特色的服裝，成為眾人目光的焦點，並邀請歌星演唱帶動氣氛，吸引許多信眾前來該廟。而在新廟落成時，也邀請臺日代表共同揭匾，並舉行盛大的宴王與平安宴，除邀請歌星演唱外，還有難得一見的川劇變臉、日本舞蹈表演等，吸引許多信徒與外地民眾前來參與，成功將該廟行銷出去。

無論是大張旗鼓的謁祖進香與遶境活動，或是摸彩、播放影片、擲筊競賽、求錢母、花燈彩繪、乞龜、歌星演唱與表演活動等，都成功地將群眾的「身體」牽引到各廟的廟埕，不論是紅毛港虔誠的信徒或是外來看熱鬧的一般民眾，都能在這個地方找到樂趣，故能吸引到四面八方、不同動機的民眾前來參與，也為各廟累積更高的人氣與金錢收益。

高人氣及高捐獻收入，不僅對寺廟經濟由實質幫助，更重要的是讓外界形成一種「這間廟的神明最靈」的印象。根據陳緯華所提出「靈力經濟」的概念，認為靈力是需要人去生產的，它是一個社會關係運作下的資源動員過程，神明靈不靈乃建立在金錢與人氣的積累上，當人們祈求神明靈力保佑時，同時就是在生產神明的靈力。他指出人們認知神明靈力大小的方式有二，一為靈力指標，越多人拜、捐獻越多的神明靈力越大；二為個人的靈力經驗，包括神蹟經驗與人氣經驗兩種，多數人的經驗屬於後者，亦即在人氣旺盛的儀式場合中經驗到神明的靈力。換言之，不管是靈力指標或靈力經驗，在人們的認知裡都是人氣越旺、奉獻越多的神明靈力越大，也因此對廟宇的主事者而言，只要讓神明有很多人拜、捐很多錢，即能以此宣稱或證明該廟的神明很靈，而吸引更多人前來參拜與捐獻。[5]由此亦可說明，這些紅毛港寺廟舉辦廟會活動，為何需要如此大張旗鼓？為何還要有摸彩、擲筊競賽、藝文展演、歌星演唱？其背後目的乃藉此帶動人氣與捐款，提高靈力指標，讓來到廟前的群眾產生靈力經驗，使香火更加興旺。

運用媒體來宣傳行銷，是現代「宗教治理」的重要技術，尤其是閱聽範圍廣泛的報紙與電視的報導，更有助於地方寺廟突破區域的限制，朝全臺性寺廟發展，大甲鎮瀾宮即是成功的案例。[6]紅毛港幾間運用「宗教治理」的寺廟，也是媒體較常採訪報導者。這些寺廟大多有自己的網站或臉書（FB），重要活動訊息都會上網公告，不僅吸引民眾前來參加，也有一些媒體因看到資訊而主動來採訪。其中尤以保安堂對網站的經營至為用心，建立廣大的網路社群，行銷其特有的故事與活動，吸引許多全國性新聞媒體前來報導，甚至遠在日本的各大新聞也跨海前來採訪，快速打開該廟的知名度，各界的捐款也大幅成長。

5　陳緯華，〈靈力經濟：一個分析民間信仰的新視角〉，《臺灣社會研究季刊》69 期（2008 年 3 月），頁 81-82。

6　張珣，〈儀式與社會：大甲媽祖祭祀圈之擴大與變遷〉，收入林美容主編，《信仰、儀式與社會》（臺北：中央研究院民族學研究所，2002 年），頁 316-317。

　　無論是舉辦藝文展演、擲筊比賽、摸彩、歌星演唱等活動，或是在遶境、醮祭活動中製造話題與高潮，以至於透過網路與各式媒體來行銷寺廟，這些都已非傳統的寺廟管理人所能勝任，而需要具有現代「宗教治理」能力的寺廟經營者來規劃執行。在這些較為活潑、創新的寺廟中，大多會找一些外地年輕人或具有文化理念者參與經營團隊，如飛鳳宮有不少中生代加入管理委員會，攝影家楊順發也被延攬擔任攝影組長，他們較重視歷史與文化的傳承，不僅保存舊廟的神像，還在建醮時播放紅毛港的文化影片，並籌劃成立文物館，為該廟的經營帶來新的氣象。

　　又如遷村後的保安堂管理委員會，僅剩半數是原紅毛港的居民，尤其在總幹事洪宏仁加入後，除了運用管理行銷的理念，成立 40 多人的志工團，大多為有創意活力的外地年輕人，參與各項廟務活動的執行，帶動整體的熱鬧氣氛，使該廟成為眾人矚目的焦點。此外，他也透過 FB 建立社群，吸引許多新聞媒體前來報導，使其能見度與知名度都大幅提升，並設計開發各種文化創意商品，吸引年輕族群，可謂將「宗教治理」發揮得淋漓盡致，以致能從一少為人知的私壇快速竄起，成為現今話題性、曝光度最高的紅毛港廟宇。

（三）公共性

　　遷村後紅毛港寺廟與信仰的變遷，尚可從「公共性」（publicness）來加以觀察。根據齊偉先歸納德國學者哈伯瑪斯（J. Habermas）對「公共性」的研究，指出其具有三大特徵：一是社會性特徵，標示一種社會力的運作，在現代國家機器這個權力實體之外所發展出來的自主活動力；二是文化性特徵，強調市民參與的價值及相關自我意識的興起，標示個體間形塑共同認知、產生彼此認同的重要基礎；三是政治性特徵，涉及世俗生活中公共事務的界定，及與此相關的公共論述與公共領域的建構。[7]民間信仰所展現

7　齊偉先，〈臺灣民間宗教廟宇的「公共性」變遷：臺南府城的廟際場域研究〉，《臺灣社會學刊》46 期（2011 年 6 月），頁 62。

的是一種政治權力實體外的社會力，在此一領域中進行共同認知與公共領域的建構，因此符合「公共性」的特徵，也頗適合以此來觀察信仰的變遷。

齊偉先將臺灣民間宗教廟宇的「公共性」，分為單一廟宇社群與廟際場域兩層次，前者包括有超越的公共性與世俗的公共性兩類。他首先從廟宇的起源出發，指出超越性的力量之所以能發展成地方社群共同認知的歷程，大致分為兩類：一是基於少數人的特殊神蹟經歷，機緣發展下而擴張建構的超越性共同認知；二是以地緣、同宗、同國等世俗社會關係為基礎，藉由某些歷史性的神蹟傳說來進行，建構成超越性的共同認知。其次，在廟宇發展的過程中，大多會強調大功德主個人的神蹟經驗，但許多功德主未必是在地的信徒。最後，他認為廟宇的發展有社團化趨勢，其內部的組織化結構不再以地方社區為基礎，而是以扮演管理人角色的核心信徒為主，他們詮釋個人的神蹟經歷來影響廟宇的運作，超越性的公共論述逐漸降低依賴地緣社群生活的共同禍福，造成超越公共性的去地域化。[8]

這種從超越的公共性來觀察廟宇變遷的視角，也可適用於紅毛港的寺廟。遷村前這些寺廟流傳的神蹟傳說，大多與整個地方或當地居民有關，如神明會保佑紅毛港漁民出海捕魚平安、滿載而歸，或是為信徒施藥治病，甚至平息地方的瘟疫等。有些神蹟傳說則是與當地的歷史有關，如飛鳳宮主神保儀尊王曾治癒林少貓的隱疾、朝天宮的媽祖曾在二次大戰時抱接炸彈、修善堂的觀音佛祖神像逃過日本政府的焚燬等。這些傳說由於與居民有切身關係，又符合整個地方的世俗社會關係，因此也成為地方社群的共同認知。

但在遷村之後，這些與紅毛港居民有關的傳說已逐漸少人講述，取而代之的是功德主捐款護持的神蹟，如朝天宮有多位外地人感應到媽祖的指示，主動來該廟捐款；修善堂也有外地婦人因感應佛祖現身，一路找尋到該廟來參拜；而各廟在建廟過程中，也多少都流傳有神明顯靈找外地信眾

8　齊偉先，〈臺灣民間宗教廟宇的「公共性」變遷：臺南府城的廟際場域研究〉，頁68-84。

來捐獻的事蹟。除了外地信眾外，各廟也有不少核心信徒因感應到神明的庇佑，而全力護持廟務的事蹟，如朝天宮蘇石盾主委、天龍宮陳清萬委員、修善堂楊啟億委員、保安堂洪宏仁總幹事等人皆是。由這些神蹟傳說來看，已與地方歷史毫無連結，且許多功德主為外地人，顯示信徒與寺廟也無必然的地緣關係；而神蹟傳說多為少數核心信徒的感應，並非涉及整個地方的禍福，這也說明寺廟組織不再以地方社區為基礎，有明顯的去地域化的趨勢，而朝社團化的方向發展。

　　齊氏在廟際場域方面，則提出廟際交陪關係、以超越性符碼為中心、以儀式技藝為核心等三個層次的公共性建構。他以臺南府城的廟宇為例，指出現今廟際交陪已不再是地域社群，而是廟宇社團，已少有涉及地區性社群共同利益的論述，以致交陪關係的公開展演逐漸降低，互動日益簡單化。這種地緣性降低、社團性提高的現象，使廟宇社團之社會關係網絡的多寡，逐漸轉變成為建醮活動的重要贊助來源，被認為是「廟勢」、「神威」的展現。而在以超越性符碼為中心的公共性建構上，現今同一神明、「香脈」的廟宇，會將神明的功能、承傳、歷史等象徵性的符碼，當作一項可供支用的重要資產，而造成彼此的競爭。[9]

　　這種廟際場域的公共性，也可用來觀察遷村後紅毛港寺廟與信仰的變遷。遷村前這些寺廟大多有明確的祭祀圈，廟際間的交陪也以紅毛港的寺廟為主，少有對外的活動，僅偶而會到西羅殿、超峰寺、北港朝天宮、南廠尊王公壇等全臺性大廟或祖廟進香。但在遷村建新廟後，大多都已重新調整對外關係，有不少寺廟積極擴張交陪網絡，並爭取超越性的符碼，提升自身在同祀廟宇中的地位，表現最明顯的有飛鳳寺、飛鳳宮、朝天宮等三廟。

　　遷村後的飛鳳寺在臺南下林玉聖宮、高雄苓雅寮保安堂的引介下，交陪網絡擴展至臺南市永華宮、雲林土庫鳳山寺、高雄旗津中洲七柱鳳山寺

9　齊偉先，〈臺灣民間宗教廟宇的「公共性」變遷：臺南府城的廟際場域研究〉，頁85-95。

等同祀廟宇，並與大陸廣澤尊王祖廟詩山鳳山寺建立直接的關係。該廟曾在詩山鳳山寺廣澤尊王神尊首次來臺巡香時，負責接待並提供其駐蹕；也曾舉行盛大的謁祖進香活動，上百人組團搭乘專機到抵詩山祖廟進香，並迎請一尊祖廟的廣澤尊王來作客。此外，該廟在新廟建築設計與空間配置上，也盡量突顯主神的信仰特色，設有廣澤尊王及其夫人妙應仙妃的「臺灣第一聖寢」，並奉祀十三太保中的十一太保。廟方在沿革碑記中，以大篇幅記載廣澤尊王的出生傳說，並在外牆設置這些傳說的石雕壁畫，希望藉此強化主神的信仰內涵與意象，形塑其成為東南亞最大的廣澤尊王廟。

飛鳳宮在新廟建成後，也積極強化主神保儀尊王的信仰特色，以「保儀尊王」取代過去「張府尊王」的稱呼，強調此神即是在安史之亂死守睢陽的張巡，故在正殿上方牆面書有張巡〈守睢陽詩〉兩首，及清代蔣士銓、謝桂芬讚頌張巡的詩作。再者，在保儀尊王之右邊奉祀其妻「申國夫人」，左邊奉祀「李府千歲」，強調是與張巡同時代的宰相李泌。廟前則設有與張巡並肩抗賊而不幸陣亡的南霽雲、賈賁的雕像。另在廟名前增加「睢陽」二字，並在沿革碑文也大篇幅記載張巡的事蹟，突顯其忠義成神及獲皇（玉）帝賜封的正統性。此外，該廟也以較開放的態度，與其他保儀尊王廟宇建立交陪關係，包括臺北的景美集應廟、木柵忠順廟、三重護山宮等，同時有意淡化與臺南市南廠北頭角尊王公壇的關係，展現其朝正統的保儀尊王廟轉型的企圖心。

遷村後的朝天宮也積極擴張交陪網絡，除仍與北港朝天宮保持密切互動外，也擴及到前來參與新廟落成安座大典的下營茅港尾天后宮、旗津天后宮，以及高雄內門的順賢宮等。另在北港朝天宮的牽線下，大陸湄洲媽祖廟、南非開普敦朝天宮也都前來參訪；而大甲鎮瀾宮、鹿港天后宮、西螺福興宮等知名的同祀宮廟，也邀請該廟參與各項活動，希望能建立友宮關係，顯示該廟已走出舊時紅毛港的封閉格局，逐漸建立在媽祖同祀宮廟的重要地位。

　　由此可知，遷村後的紅毛港寺廟大多已重新建構廟際場域的公共性，有的更積極開拓交陪的網絡，希望為自身爭取到更多的贊助資源，此一交陪關係幾乎已不涉及地域社群，純粹為廟宇社團間的互動。此外，有些寺廟刻意突顯主神信仰的特色，爭取超越性符碼，強調自身的歷史性與正統性，以提升在同祀廟宇中的地位，這種公共性的建構也值得關注。

十三、結論：延續與變遷

　　遷村前的紅毛港為一傳統漁村，居民多以捕魚為業，海上作業的危險性與不確定性，使他們尋求宗教的心靈慰藉，因此民間信仰至為發達，除每個角頭聚落有自己的公廟外，還有各式的私壇充斥其間。這些公廟皆有明確的祭祀圈，祭祀範圍內也幾乎都有一大姓，甚至與宗祠比鄰而居，具有濃厚的血緣色彩。而不論從信奉神明、香火緣起、神蹟傳說來看，這些廟壇皆表現出鮮明的海洋性格，與紅毛港的地理環境與產業特色相呼應。

　　民國96年（2007）紅毛港遷村後，居民已散居高雄市各地，所有的公廟與私壇則集中遷至鳳山、前鎮、小港三區交界的中安路與紅毛港路一帶，這裡屬市區的邊緣，周邊的住戶雖不多，但在地理環境、社會結構、產業狀況上，皆與昔日紅毛港的傳統漁村與血緣聚落皆有很大的不同。面對地理與人文環境的重大改變，這些廟壇除積極籌建新廟外，在管理組織、經營方式、祭典儀式、交陪宮廟上，也各自調整因應，有延續的一面，也有變遷的一面。

　　在延續方面，紅毛港居民雖已散居各地，但對故鄉廟宇的信仰卻依然不變，不僅會捐款贊助建廟，平時也偶而會回來拜拜與聚會，神明聖誕或重大活動更是不會缺席，表現出信徒對故鄉神明的特殊情感，並未因時空變遷而削減。各個寺廟的信徒仍大多以原紅毛港居民為主，管理委員會也多由過去成員所組成，仍具有一定的血緣性，各廟之間亦保持互動與交流，會定期組團祝壽或參與重大活動。大多數寺廟還會特別在廟名前加上「紅毛港」三字，強調它的由來；甚至在廟體建築上設置表現紅毛港昔日生活的壁畫，或在醮祭活動時播放紅毛港的文化影片，展現出與原鄉難以割捨的情感，也對紅毛港文化的保存有所助益。

　　在變遷方面，有許多寺廟為籌募建廟經費，積極拓展對外關係，藉由管理委員的人脈與宣傳行銷，吸引外地信徒前來捐款；另也不收丁錢、不設外五營，爐主資格亦不侷限於原有信徒，雖然寺廟與原紅毛港居民仍維

持一種內在的權利義務關係，但顯然已非強調有一定地域範圍的「祭祀圈」理論所能解釋。其次，有不少寺廟改變原來傳統保守的經營方式，運用「宗教治理」的手法，將年輕人或專業人士納入管理組織，透過網路與媒體的行銷，舉辦大型、熱鬧與創意的活動，吸引各地的民眾前來參與，為自身帶來高人氣及高捐獻收入。再者，各廟所講述的神蹟傳說已漸與紅毛港的人與地無關，取而代之的是外地功德主與核心信徒的感應，且有不少寺廟積極對外開拓交陪的網絡，並爭取超越性符碼，強調自身的歷史性與正統性，以提升在同祀廟宇中的地位，這些都表現出去地域化、社團化的公共性建構趨勢。

圖 13-1　紅毛港文化園區戶外展示區

紅毛港遷村後，原址已改為高雄港的洲際貨櫃中心，僅在第二港口入口處，由高雄市政府文化局就原有的高字塔結合周邊環境資源整建成「紅毛港文化園區」，總面積有 3.42 公頃，在園區內規劃了「高字塔旋轉餐廳」、「展示館」、「戶外展示區」、「天空步道」、「碼頭與候船室」、「觀海平臺」六大區域，並以聚落意象及創意策展方式，表達紅毛港人世居在此、代代相

圖 13-2　紅毛港地標高字塔改為旋轉餐廳

傳所累積下來的「潟湖」、「蝦苗養殖」、「捕烏魚與卡越仔」、「角頭廟」、「帆筏風華」五大文化特色。

　　紅毛港文化園區對於保存當地舊時文化，確實有其意義與價值；但從本書的調查可知，大多數紅毛港人皆缺乏認同感，認為保存文化的功能至為有限。遷村後的紅毛港居民已散居各地，舊時的社會與產業型態也已不復見，但所有紅港人心靈寄託的寺廟依然存在，對神明的信仰依然虔誠，這些才是紅毛港具有生命力的文化，政府部門實應在此投注更多關注，結合各寺廟共同保存與發揚，才能延續其文化的命脈。

圖 13-4　紅毛港文化園區展示舊時文物

圖 13-4　紅毛港文化園區有專人導覽解說廳

　　另外，今紅毛港遷村的所在地，除了原紅毛港的寺廟外，尚有一些外來的小廟，使得當地一平方公里內，竟有約二十座大小廟宇，實為都市中特殊的宗教景觀，地方人士亦建議能將此地規劃為宗教文化園區。[1] 從本書的研究來看，這些紅毛港廟宇無論在廟體建築、信仰神明、祭典儀式、神蹟傳說上，都有各自的特色，不僅仍保存部分紅毛港文化的元素，也展現出民間信仰的豐富多元的面貌，值得進行資源整合與整體規劃，營造成高雄市兼具宗教、文化與觀光特色的一大亮點。

1　童涵旎，〈高雄明鳳社區眾神雲集〉，《自由時報》南部新聞版，2012 年 8 月 20 日。

圖 13-5 遷村後紅毛港寺廟集中一地，成為都市中特殊的宗教景觀

參考文獻

一、專書

王瑛曾編纂,《重修鳳山縣志》,臺北:臺灣銀行經濟研究室,1961。

王賢德編,《高雄市寺廟文化專輯(一)道教部分》,高雄:高雄市文獻委員會,2003。

朱秀芳,《戀戀紅毛港──寺廟建築與信仰》,高雄:高雄市政府文化局,2008。

李億勳,《紅毛港文化故事》,高雄:高雄市政府文化局,2007。

李億勳修纂,《高雄紅毛港李氏家譜》,高雄:紅毛港齊天宮,1983。

林美容,《祭祀圈與地方社會》,臺北:博揚文化事業有限公司,2008。

林美容,《媽祖信仰與臺灣社會》。臺北:博揚文化事業有限公司,2008。

林美容,《臺灣的齋堂與巖仔》,臺北:台灣書房公司,2008。

紅毛港朝天宮編,《紅毛港遷村首醮程序冊》,高雄:紅毛港朝天宮管理委員會,2015。

張守真、楊玉姿,《紅毛港的前世今生》,高雄:高雄市文獻會,2008。

張珣,《文化媽祖:臺灣媽祖信仰研究論文集》,臺北:中央研究院民族學研究所,2003。

曾景來,《臺湾宗教と迷信陋習》,臺北:南天書局有限公司,1939。

葉振輝,《紅毛港史蹟調查研究專輯》,高雄:高雄市文獻會,1995。

劉枝萬,《臺灣民間信仰論集》,臺北:聯經出版事業股份有限公司,1985。

增田福太郎著、黃有興譯,《臺灣宗教信仰》,臺北:東大圖書股份有限公司,2005。

盧德嘉編纂,《鳳山縣采訪冊》,臺北:臺灣銀行經濟研究室,1960。

謝貴文,《紅毛港遷村實錄・文化篇》,高雄:高雄市文獻會,2009。

二、期刊與學位論文

余光弘，〈臺灣地區民間宗教的發展——寺廟調查資料之分析〉，《中央研究院民族學研究所集刊》，第 53 期，1982. 春，頁 67-103。

吳連賞，〈紅毛港的聚落發展與社會變遷〉，《環境與世界》，第 2 期，1998.11，頁 85-99、101、103-136。

李丁讚、吳介民，〈現代性、宗教、與巫術：一個地方公廟的治理技術〉，《臺灣社會研究季刊》，第 59 期，2005.9，頁 143-184。

岡田謙，〈臺灣北部村落に於ける祭祀圈〉，《民族學研究》，第 4 卷第 1 期，1938，頁 1-22。

林妙娟，《高雄紅毛港：一個漁業聚落的社會變遷（1624-2005）》，臺北：國立臺灣師範大學歷史系碩士論文，2007。

洪立三，〈高雄紅毛港聚落信仰空間的初探〉，《地理教育》，第 31 期，2005.4，頁 89-104。

張珣，〈打破圈圈——「祭祀圈」研究的反省〉，收於氏著，《媽祖‧信仰的追尋》，臺北：博揚文化事業有限公司，2008。

張珣，〈儀式與社會：大甲媽祖祭祀圈之擴大與變遷〉，收於林美容主編，《信仰、儀式與社會》，臺北：中央研究院民族學研究所，2002。

許嘉明，〈祭祀圈之於居臺漢人社會的獨特性〉，《中華文化復興月刊》第 11 卷第 6 期，1978，頁 59-68。

陳威廷，〈臺南市張巡、許遠信仰研究：兼論王爺信仰的起源說〉，《臺南文化》，第 52 期，2002.3，頁 76-87。

陳緯華，〈靈力經濟：一個分析民間信仰的新視角〉，《臺灣社會研究季刊》，第 69 期，2008.3，頁 57-106。

黃方泉，《紅毛港朝天宮祭祀活動變遷之研究》，高雄：國立高雄師範大學臺灣文化及語言研究所碩士論文，2010。

齊偉先，〈臺灣民間宗教廟宇的「公共性」變遷：臺南府城的廟際場域研究〉，《臺灣社會學刊》，第 46 期，2011.6，頁 57-114。

Strathern, Marilyn. "The Village as an Idea: Constructs of Village-ness in Elmodn, Essex," in Anthony P. Cohen, ed. *Belonging: Identity and Social Organization in British Rural Cultures*, Manchester: Manchester University Press, 1982, pp. 247-277.

三、報紙

王瑞伶，〈海眾廟，海裡眾生我皆拜〉，《聯合報》，2000 年 7 月 19 日，第 39 版。

不著撰人，〈飛鳳宮紅石金爐，環保又吸睛〉，《人間福報》宗教版，2011 年 12 月 14 日。

高培德，〈日團特地來訪，供奉日軍艦，保安堂安座大典〉，《聯合報》，2013 年 12 月 30 日，B2 版。

許峻崴，〈被時間之神遺忘的漁村〉，《臺灣新聞報》，1990 年 9 月 25 日，第 17 版。

童涵旎，〈高雄明鳳社區眾神雲集〉，《自由時報》，2012 年 8 月 20 日，南部新聞版。

蔡維斌，〈兩個朝天宮，共為港都祈福〉，《聯合報》，2014 年 8 月 5 日，B1 版。

謝龍田，〈紅毛港濟天宮明天遶境〉，《聯合報》，2004 年 11 月 20 日，C2 版。

謝龍田，〈替人神圓心願，媽祖欽點，謝文益蓋百廟〉，《聯合報》，2010 年 4 月 13 日，B2 版。

謝龍田，〈炊粿蓋廟婆媽籌錢〉，《聯合報》，2011 年 3 月 7 日，A5 版。

謝龍田，〈金箔漲價，建廟廠商「行善」吸收〉，《聯合報》，2011 年 8 月 22 日，B2 版。

謝龍田，〈眾志成「廟」，認捐廟柱，助紅毛港廟宇遷建〉，《聯合報》，2011 年 12 月 30 日，B2 版。

謝龍田，〈大陸工資高漲，石木建材高漲，蓋廟募款卡卡〉，《聯合報》，2012 年 3 月 18 日，B1 版。

謝龍田，〈3 尊媽祖碰頭，慶朝天宮完工〉，《聯合報》，2013 年 1 月 7 日，B1
版。

謝龍田，〈送 10 萬創業金，擲筊試手氣〉，《聯合報》，2013 年 2 月 11 日，A6
版。

謝龍田，〈做志工有保庇，婦擲筊獲 10 萬元〉，《聯合報》，2013 年 2 月 25 日，
B2 版。

謝龍田，〈紅毛港飛鳳寺，月底泉州謁祖〉，《聯合報》，2013 年 3 月 24 日，
B2 版。

謝龍田，〈飛鳳寺遶境，30 多廟尬陣頭〉，《聯合報》，2013 年 4 月 1 日，B2 版。

謝龍田，〈媽祖信徒聚北港，最遠南非來！〉，《聯合報》，2013 年 9 月 17 日，
B2 版。

謝龍田，〈飛鳳寺走平安橋，朝天宮拼黃金馬〉，《聯合報》，2014 年 1 月 28
日，B2 版。

四、網路資料

〈城隍廟〉，高雄市前鎮區公所（http://kccdo.kcg.gov.tw/main.php?page=feature_
temple25），最後造訪：2014 年 4 月 30 日，網址：。

國家圖書館出版品預行編目（CIP）資料

延續與變遷 : 遷村後紅毛港的寺廟與信仰 / 謝貴
文作 . -- 初版 . -- 高雄市 : 高市史博館,
2016.12
面 ; 公分 . --（高雄研究叢刊 ; 第2種）
ISBN 978-986-05-1684-5（平裝）

1. 寺廟 2. 民間信仰 3. 宗教與社會 4. 臺灣
733.08   106000032

高雄研究叢刊　第 2 種

延續與變遷

——遷村後紅毛港的寺廟與信仰

作　　者　謝貴文
策畫督導　曾宏民
策劃執行　李旭騏、王興安

高雄史料集成編輯委員會
召 集 人　吳密察
委　　員　李文環、陳怡宏、陳計堯、楊仙妃、謝貴文

執行編輯　王珮穎、李麗娟
美術編輯　施于雯
封面設計　闊斧設計

發 行 人　楊仙妃
出版發行　行政法人高雄市立歷史博物館
地　　址　803 高雄市鹽埕區中正四路 272 號
電　　話　07-5312560
傳　　真　07-5319644
網　　址　http://www.khm.gov.tw

共同出版　巨流圖書股份有限公司
地　　址　802 高雄市苓雅區五福一路 57 號 2 樓之 2
電　　話　07-2236780
傳　　真　07-2233073
網　　址　http://www.liwen.com.tw
郵政劃撥　01002323 巨流圖書股份有限公司
法律顧問　林廷隆律師
登 紀 證　局版台業字第 1045 號

　　ISBN　978-986-05-1684-5（平裝）
　　GPN　1010503184
初版一刷　2016 年 12 月

定價：300 元